簿記原理テキスト

工藤栄一郎【編著】

坂根純輝／仲尾次洋子／小川哲彦

堀古秀徳／原口健太郎

【著】

中央経済社

は じ め に

　簿記は会計を実践するための基礎となる技術です。そのままでは認識することができにくい，企業などの経営活動を情報にして可視化するという役割を簿記は持っています。

　たとえば，毎日お客さんが商品を買ってくれて，仕入先には代金を滞りなく支払うことができ，毎月の給料日には従業員にきちんと賃金を支給することができるなどの平穏な日常が続いていると，企業などの経営者は，自分のビジネスはうまくいっているようだと思うでしょう。

　しかし，じつのところ，今月の売上は去年の同じ時期と比べてどれくらい増減したのか，商品の仕入価格は過去半年間でどのように変化したのか，３カ月後に期日が迫る銀行からの借入金を返済できるのか，１年後に定年退職予定の５人の従業員に支払う退職金のお金は準備できるのか，あるいは４年先に計画している海外での販売拠点を整備するための資金は十分に用意できるのかなど，過去と現在の複雑な経営状況を正確に把握したり，あるいは，将来のための見通しを確かにたてるといったことは容易ではありません。

　でも，簿記がわかれば，企業などの経営や運営についての理解が深まりより適切な判断が下せるようになります。反対に簿記の知識がなければ，より良い経営の実現は難しくなるでしょう。

　本書は，はじめて簿記を学ぶ人たちを対象に書かれた入門書です。しかし同時に，大学で学ぶ簿記教科書としてふさわしい品質を追求しようとしています。そのために，その処理手続きを平易に説明することを心がけながらも，簿記が持つ歴史的な背景やその技術を形成し発展させてきた論理についても簡潔に織り込んで記述するよう努めました。

　また，多くの章の最後に関連するトピックについての【コラム】をつけています。本論で触れることのできにくい，簿記に関する「物語」を添えることで，読者のみなさんの簿記学習に立体感を与え，知的好奇心をひろげてもらうことができれば幸いです。本書を手にするみなさんには，ぜひ，簿記ができるようになるだけでなく，簿記をわかり好きになってもらいたいと願っています。

　最後に，本書の出版にあたっては，中央経済社の多大なご協力を得ることができました。同社社長の山本継氏と編集作業を主導いただいた小坂井和重氏に深く感謝の意を表します。

　2024年４月吉日

著者一同

目　　次

Column

第1章

簿記の意義

1 簿記の意義と機能

　私たちの社会では日々経済的な活動が行われています。**経済活動**というとなにか特別なもので，身近に感じないかもしれません。しかし，みなさんがスーパーマーケットで買い物をしたり家賃を払ったりするということ自体も経済活動なのです。もちろん，建設会社が建物を建てたり，商社が貿易をすることなども経済活動です。本書では，比較的規模の小さい株式会社が行う経済活動を想定しています。

　簿記はこれら経済活動を対象として行われるものです。本書における簿記の対象となる経済活動を具体的にあげると，商品を仕入れたり，それを販売したり，営業のための広告宣伝費を支払ったり，従業員を雇用していればその給料を支払ったり，経営資金を調達するために銀行からお金を借りたりすることなどがあります。簿記はこれら実際に行われた経済活動を**情報**として可視化します。簿記による情報化の過程は，記録，計算，そして報告から構成されます。

　簿記の最も基礎的な機能は，企業などの経済活動を**記録**していくことです。つまり，そのままでは認識しにくいことがらをことばでもって表す表記の技術です。では，なぜ記録が必要なのでしょうか。

　簿記の対象である経済活動は，企業自身によって行われるもので，その意味では自己の経験です。自分自身でやったことですから，その事実や結果について自身では認識できています。自己の経験は脳内に記憶としてとどめられるからです。しかし，経済活動に関するすべての記憶を長い期間にわたって完全に保存することは容易ではありません。そこで，自身が行った経済活動を別の媒

体に情報として記録することでその不都合を補うことができます。つまり，簿記は記憶を補完するために実践されるのです。

　また，企業などの経済主体自身と第三者とのあいだではさまざまなやりとりが行われます。簿記では，お金や商品など価値のあるもののやりとりのことを取引と呼びます。たとえば，だれかにお金を貸したとします。そのお金はいつか返してもらわなければなりません。しかし，この取引があったことを証明する手段がないと，場合によっては，「貸した／借りていない」といったトラブルが生じかねません。取引を記録することは，当事者間でどのようなやりとりが行われたかについての証拠となります。つまり，簿記はトラブルを未然に防ぐための証拠を提供するためにも実践されます。

　簿記によって日々の取引の記録はどんどんと蓄積されます。積み重なっていく記録をなんらかの方法で集約し整理することでより有用な情報を導き出すことができます。たとえば，どれくらいの財産を持っているか，返済しなければならない借金をいくら負っているか，あるいは，１年間の経済活動の結果いくらのもうけを得ることができたのかなどを知るために，蓄積された記録を一定の方法で整理し計算することも簿記の役割です。さらに，簿記から得られた情報を整えて経済主体だけでなく第三者に対して**報告**することも簿記の機能と考えることができます。経済主体の経営や運営に携わっていない第三者でも，簿記による報告でもって，その状況を知ることができるのです。

２　簿記の目的

　経済主体あるいは組織の目的や特性にかかわらず，簿記の実践は，それらが行った経済活動の内容と結果を情報として可視化します。したがって，これら経済主体や組織の経営者あるいは運営者は，自身が保有している財産がどれくらいあるのかを，実践した簿記の結果から知ることができます。また，財産の増減変化やその原因についても簿記を通じてわかります。さらに，事実としての経済活動とそれを情報化した簿記の記録を照らし合わせることで，そこに不一致などがあればなんらかの問題があったことがわかります。このように，厳格な**財産管理**を行うことは簿記の重要な目的です。

　また，株式会社などの企業の場合，蓄積された記録を集約・整理して，一定時点の**財政状態**と一定期間の**経営成績**を明らかにすることも簿記の目的です。財政状態については第2章で，経営成績については第3章で学びます。

3　簿記の種類

　簿記は企業などの経営活動を情報として可視化する技術です。技術としての簿記は，記録や計算の方法によってその種類を区別することができます。そもそも，経営活動の記録のやり方にはさまざまなものがありますが，本書で説明するのは**複式簿記**とよばれる記録と計算の方法による簿記です。複式簿記以外の簿記のやり方は，一般には，**単式簿記**と総称されます。単式簿記についての明確な定義はありませんが，典型としてよく説明されるのは，現金の収入と支出を単純に記録していく家庭の会計（家計）のような事例です。

　また，簿記を行う主体の経営活動の内容によっても分類されます。株式会社のような企業の場合，商品を仕入れてそれを販売する主体によって採用される簿記を**商業簿記**，原材料を仕入れてそれを加工製造し販売する主体によって採用される簿記を**工業簿記**といいます。

　さらに，主体の目的によっても簿記は分類されます。本書で対象とする簿記の主体は株式会社ですが，株式会社は利益の追求を目的とするので，このような主体によって利用される簿記を**営利簿記**といいます。また，国および地方公共団体など政府機関も簿記を行いますし，NPO法人，社会福祉法人，それに学校法人など，利益追求ではなく，さまざまな他の目的を持つ組織によって採用される簿記のことは**非営利簿記**として一括してよばれますが，厳密にいうと，組織の種類ごとに，非営利簿記は，記録や計算の方法についてさらに細かく区分することもできます。

4　簿記の前提条件

　簿記を実践するにあたって，いくつかの前提条件があります。

(1)　会計単位

　会計単位とは，簿記を行う主体のことです。だれが簿記を行うのかということを明確にする必要があるための前提条件です。たとえば，商店などの個人企業を想定すると，商売のために保有される財産と，商店主とその家族のための財産とをはっきりと区別して簿記を行わなければ，商店の経済活動の結果を明らかにできません。そのためには，事業を行う企業を主体として明確に識別し，簿記の範囲を画定して実践する必要があります。

(2)　会計期間

　株式会社などの企業の活動は絶え間なく継続します。つまり，理念的ではありますが，活動の終わりがありません。したがって，一定の期間を人為的に設定することで（通常は1年間），定期的に経営活動の成果を明らかにできます。このことを会計期間といいます。会計期間の始まりの時点を期首，終わりの時点を期末といいます。個人企業の場合の会計期間は1月1日から12月31日までの1年間と定められていますが，株式会社などの場合は1年間の会計期間を自由に設定することができます。ただし，日本の株式会社は，4月1日を期首，翌年の3月31日を期末とすることが多いです。

(3)　貨幣額による測定

　簿記の対象となるのは経済活動の結果起こる財産の増加や減少といった出来事ですが，これらは貨幣額でもって記録されます。貨幣額は，さまざまな属性を持つ財産の変動に対して共通した尺度ですので，保有するすべての財産の価値がどれくらいなのかや，経済活動の成果である利益がいくらなのか，などを計算をするうえで便利な単位です。

練習問題● 1

　次の各文の（　　　）にあてはまる最も適当な語句を，以下の選択肢のなかから選びなさい。

選択肢	記憶　　期首　　記録　　経済活動　　決算日　　財政状態　　商業簿記　　トラブル　　複式簿記

(1)　簿記の対象となるのは企業などが行う（　　　）である。

(2)　簿記の最も基礎的な機能は（　　　）である。

(3)　簿記の（(2)に同じ）は，記憶を補うことができると同時に，（　　　）を未然に防ぐ効用もある。

(4)　簿記の目的は財産管理のほかに，企業などの（　　　）と経営成績を明らかにすることである。

(5)　簿記は記録や計算の方法の違いによって単式簿記と（　　　）とに区分される。

(6)　会計期間の始まりの時点を（　　　），終わりの時点を期末という。

Column 1【簿記に歴史あり】

　簿記は人類が発明した技術であり，長い歴史を持っています。通常，簿記の歴史を語る場合によく紹介されるものとして，1494年にイタリアのベネチアで出版された数学書である『スンマ』（著者はルカ・パチョーリ）や，日本の場合だと，明治時代の初期に西洋文明を啓蒙する一環として福澤諭吉が翻訳した『帳合之法』などが有名です。これらはいずれも簿記に関する教科書のようなもので，簿記の実践そのものではありません。

　実践としての簿記を考えると，ずっと昔にまで遡ることができます。日本に限っていっても，たとえば，年貢（税）のために土地や人民を管理する目的で領主が作成した「検地帳」（豊臣秀吉が日本を統一した16世紀の終わりに行った「太閤検地」が有名ですが，それ以前から各地で「検地」は行われその記録簿である「検地帳」が整えられていました）も簿記実践と理解することができます。もっと遡ると，奈良時代の遺跡から出土した木簡には，当時の商業取引の記録が確認されます。つまり，簿記は，かなり昔の時代から行われてきたのです。

　さらに，簿記の歴史は一般の常識を大きく超えるかもしれません。というのは，

考古学のなかには「簿記が文字を誕生させた」という学説さえあるからです。ここでいう文字というのは古代メソポタミア文明で生まれた「くさび形文字」のことをいいますが，これ以外にも，人類が発明してきた文字で記された古代の記録を解読すると，その多くが簿記に関連することがらであることは歴史学の世界では常識です。このように，簿記を学ぶことは，人類の文明史に触れるというロマンにもつながっていきます。

（工藤栄一郎）

第2章

貸借対照表

1 資産・負債・資本の概念

　企業が特定の期日（一定時点ともいいます）に保有あるいは支配する資産と
負債，および資本の状態のことを財政状態といいます。これらを表示して企業
などの財政状態を明らかにしたものが貸 借 対 照 表です。

　貸借対照表に計上される資産（asset）というのは，企業活動のために投下さ
れたか回収された現金それに普通預金のほかに，債権である売掛金や貸付金な
どいずれ現金として受け取る権利を意味するものと，建物や車両運搬具や備品
それに土地など企業の活動における利用を通じて最終的には現金に回収される
財貨を意味します。企業によって保有または支配されるこれら資産は経済的な
価値のあるものと理解されます。プラスの財産または積極財産とも理解されま
す。資産には，次のようなものがあります。

資産の項目	内　　容
現　　　金	硬貨や紙幣（これらを通貨といいます）など
普 通 預 金	預金者が自由に預入れと払出しのできる銀行の預金
売 掛 金	商品を売り上げて代金を後日受け取る権利
貸 付 金	他人に金銭を貸し付けて後日返済してもらう権利
建　　　物	経済活動で使用するために所有する店舗や倉庫や事務所などの建築物
車両運搬具	経済活動に使用するために所有する自動車やバイクなどの車両
備　　　品	経済活動に使用するために所有する机イスやキャビネット，パソコンなど
土　　　地	店舗などの建物が建設されている敷地，駐車場など

　これに対して，**負債**（liability）とは，**債務**である買掛金や借入金のようにいずれ返済しなければならない義務を意味するものと，法的な義務ではないけれども，いずれ現金の支出がなされるものも含まれます。これら負債は，経済的な負担のあるものと理解されるので，マイナスの財産または消極財産と理解されます。負債には，次のようなものがあります。

負債の項目	内　　　容
買　掛　金	商品を仕入れて代金を後日支払う義務
借　入　金	他人から金銭を借り入れて後日返済しなければならない義務

　資産がプラスの財産（積極財産），負債がマイナスの財産（消極財産）であることから，仮に，負債のすべてを支払った場合に企業に残ることになる資産の額を純資産として表示します。したがって，**純資産**（net asset）は，資産総額から負債総額を差し引いた差額として求められ，その金額が貸借対照表に計上されます。また，貸借対照表の純資産は，簿記では**資本**（capital）ともいいます。

　資産・負債と資本（純資産）の関係を等式で表現すると以下のようになり，それは**資本等式**と呼ばれます。

$$資　産　-　負　債　=　資　本　（純資産）$$

　株式会社の場合，資本は，株主から出資されたものを表す**資本金**と，経済活動の結果獲得された利益のうち，企業に留保された**繰越利益剰余金**とに区別して表示されます。したがって，資本（純資産）には，次のようなものがあります。

資本の項目	内　　　容
資　本　金	株主から出資された金額
繰越利益剰余金	企業の経営者が経済活動から獲得した利益の留保額

例題2-1

株式会社博多商事のX1年4月1日時点の資産および負債は，次のとおりです。

現金 ¥100,000　建物 ¥70,000　備品 ¥30,000　土地 ¥300,000

借入金 ¥100,000

資産の合計額と負債の合計額をそれぞれ求め，資本の金額を算定しなさい。

解答

資本等式を用います。

資　産		−	負　債		=	資　本	
現　　金	¥100,000		借　入　金	¥100,000		資　本　金	¥400,000
建　　物	70,000						
備　　品	30,000						
土　　地	300,000						
計	¥500,000		計	¥100,000			

資産の合計額が¥500,000，負債の合計額が¥100,000なので，資本の額は，これらの差額の¥400,000となります。

2　貸借対照表の作成

　企業などの財政状態を表示した財務諸表が**貸借対照表**（balance sheet，B/S）です。貸借対照表はその名称のとおり，資産と負債および資本を左側と右側とに対照して表示します。左側には資産の項目が，右側には負債の項目が置かれます。そして，資産と負債の差額である資本（純資産）も右側に配置されます。こうすることで，貸借対照表の左側と右側は金額の大きさが均衡することになります。

例題2-2

例題2-1で示した，株式会社博多商事のX1年4月1日時点における資産，負債，そして資本の状況にもとづいて，貸借対照表を作成しなさい。

解　答

貸借対照表

（株）博多商事　　　　　　　X1年4月1日

資　　産	金　　額	負債及び資本	金　　額
現　　　　　金	100,000	借　　入　　金	100,000
建　　　　　物	70,000	資　　本　　金	400,000
備　　　　　品	30,000		
土　　　　　地	300,000		
	500,000		500,000

＊なお，貸借対照表など財務諸表での金額表示には「¥」または「円」のような貨幣単位を使用しません。

上記の**例題2-2**で示されているように，貸借対照表の左側に置かれた資産項目の合計金額と，右側に配置された負債と資本（純資産）の項目の合計額は，それぞれ¥500,000で一致しています。この関係を等式で表すと以下のようになります。

資　産　＝　負　債　＋　資　本（純資産）

この等式は，**貸借対照表等式**とよばれます。右側の負債および資本は，左側に表示される資産に対する請求権を意味します。資産の総額¥500,000に対して，株主に帰属する請求権は資本金の額に相当する¥400,000で，負債である借入金¥100,000の額に相当するのが他人に帰属する請求権ということです。このことから，負債を他人資本，資本を自己資本とよぶことがあります。したがって，貸借対照表の右側（負債および資本（純資産））は，企業に投下された資金をだれから得たのかという**資金の調達源泉**を，そして左側（資産）は，調達された資金がどのように使われているかという**資金の運用形態**を示しているのです。

3 経済活動によって変化する貸借対照表

　企業などが経済活動をすることで，資産や負債の状況，すなわち財政状態には変化が起こります。具体的にみていきましょう。

【設例1】

　例題2−1で示した株式会社博多商事がX1年の4月中に以下のような活動をしたとします。

　4月2日　商品を仕入れて代金¥50,000を現金で支払った。

　　　7日　商品（仕入原価¥50,000）を販売して代金¥80,000は現金で受け取った。

　　10日　商品を仕入れて代金¥100,000を後日支払うこととした。

　　15日　商品（仕入原価¥100,000）を販売して代金¥170,000は後日受け取ることとした。

　　20日　銀行から現金¥100,000を借り入れた。

　　25日　従業員に給料¥50,000を現金で支給した。

　　30日　備品を購入し代金¥40,000を現金で支払った。

　この経済活動によって，資産および負債のいくつかの項目に変化が生じ，その結果，財政状態は以下のようになります。

　資産項目

現　　金	¥140,000	($= ¥100,000(4/1) − ¥50,000(4/2) + ¥80,000(4/7)$ $+ 100,000(4/20) − ¥50,000(4/25) − ¥40,000(4/30))$
売 掛 金	¥170,000	($= ¥170,000(4/15)$)
建　　物	¥70,000	
備　　品	¥70,000	($= ¥30,000(4/1) + ¥40,000(4/30)$)
土　　地	¥300,000	
資産合計	¥750,000	

　負債項目

買 掛 金	¥100,000	($= ¥100,000(4/10)$)
借 入 金	¥200,000	($= ¥100,000(4/1) + ¥100,000(4/20)$)
負債合計	¥300,000	

　4月中に行った経済活動の結果，資産合計は¥750,000に，負債合計は¥300,000となりました。したがって，4月30日時点における資本（純資産）の額は¥450,000と算定されます。4月1日時点での資本（純資産）の額が¥400,000でしたので，この1カ月間の経済活動によって，資本（純資産）が¥50,000だけ増加したことがわかります。

資産合計額¥750,000－負債合計額¥300,000＝資本（純資産）の額¥450,000

　4月30日を決算日だとすると，4月1日における資本（純資産）は**期首資本**，4月30日における資本（純資産）は**期末資本**ということができます。このように，経済活動の前後で，2つの異なる時点の資本（純資産）を比較することで，利益の計算ができます。一定の期間における経済活動の成果ですので，この利益は**当期純利益**とよばれます。

期末資本－期首資本＝当期純利益

　このように，貸借対照表に計上される資産と負債を要素として，異なる2つの時点における資本（純資産）から当期純利益を計算する方法と**財産法**といいます。

【設例2】
　設例1で示した株式会社博多商事の4月30日時点での財政状態を貸借対照表で表すと以下のようになります。

貸　借　対　照　表

（株）博多商事　　　　　　　X1年4月30日

資　　産	金　額	負債及び資本	金　額
現　　　　　金	140,000	買　　掛　　金	100,000
売　　掛　　金	170,000	借　　入　　金	200,000
建　　　　　物	70,000	資　　本　　金	400,000
備　　　　　品	70,000	繰越利益剰余金	50,000
土　　　　　地	300,000		
	750,000		750,000

　先ほど算定された期末の資本（純資産）の額は¥450,000ですが，株主からの

拠出額である資本金（期首資本）¥400,000と当期純利益¥50,000は分けて表示します。なお，貸借対照表では，当期純利益を**繰越利益剰余金**として表示します。

> ＊この例では，繰越利益剰余金は当期純利益だけから構成されていますが，多くの場合，過去において企業内部に留保されたものを含みます。

練習問題●2

1　次の各文の（　　）にあてはまる最も適当な語句を，以下の選択肢から選びなさい。

| 選択肢 | 運用形態　財貨　債権　債務　資産　資本(純資産)　資本等式　貸借対照表等式　調達源泉　負債 |

(1)　資産には，債権と（　　）が含まれる。

(2)　負債には，借入金などの（　　）が含まれる。

(3)　（　　）は，資産から負債を差し引いて算出される。

(4)　資産＝負債＋資本（純資産）は，（　　）とよばれる。

(5)　貸借対照表の右側は，資金の（　　）が表示される。

2　次の貸借対照表項目を，資産，負債，資本（純資産）に分類しなさい。

(1)　売掛金　(2)　買掛金　(3)　貸付金　(4)　借入金　(5)　繰越利益剰余金
(6)　現金　(7)　資本金　(8)　建物　(9)　備品　(10)　普通預金

3　X1年4月1日に開業した株式会社西日本商店の開業時点での資産および負債の状況は以下のとおりです。これにもとづいて，貸借対照表を作成しなさい。

現金　¥100,000　　普通預金　¥100,000　　備品　¥50,000
借入金　¥150,000

4　上記の株式会社西日本商店のX2年3月31日時点の資産および負債の状況は以下のとおりです。これにもとづいて，貸借対照表を作成しなさい。なお，期首の資本

金と繰越利益剰余金は区分して表示すること。

| 現金 | ￥130,000 | 普通預金 | ￥50,000 | 売掛金 | ￥50,000 | 貸付金 | ￥10,000 |
| 備品 | ￥70,000 | 買掛金 | ￥30,000 | | | 借入金 | ￥150,000 |

Column 2 【「平均」それとも「残高」?】

貸借対照表という言葉は,「balance sheet（バランスシート）」という英語を日本語に翻訳したものです。「balance」という英語は,「平均している,均衡がとれている」という意味で理解している人が多いでしょう。貸借対照表は左側と右側の金額の大きさが均衡するようにつくられているので,「左右のバランスがとれている表」という意味を持つと考えることができます。

第4章で詳しく説明しますが,簿記では左側のことを「借方」,右側のことを「貸方」とよびます。左（借方）と右（貸方）が均衡しているということから,「貸借対照表」と日本語で表したのかもしれません。

しかし,「balance」という英語には「残高」という意味もあります。「バランスシート」は,決算日に企業などが持っている資産や負債の「残高」を表にしたものなので,その意味では,資産と負債の残高表です。でも,なぜ,「資産負債残高表」ではなく「貸借対照表」という訳語が一般的になったのか興味がありますね。

（工藤栄一郎）

第3章

損益計算書

1 収益・費用の概念

　企業が特定の期間（通常は1年間または半年間）に行った経済活動の成果のことを**経営成績**といいます。経営成績は収益と費用を計上する損益計算書によって明らかにされます。

　損益計算書に計上される**収益**（revenue）というのは，売上や受取手数料などのように，経営活動の対価として収入を得たことによってもたらされる資本（純資産）の増加の原因となったものです。収益には，次のようなものがあります。

収益の項目	内　　容
売　　　上	商品を売り上げて得た代金
受取手数料	ビジネス上の仲介などによって受け取った手数料
受 取 家 賃	建物などを他者に賃貸することで受け取った家賃
受 取 地 代	土地を他者に賃貸することで受け取った地代
受 取 利 息	預金や貸付金などから受け取った利息

　これに対して，**費用**（expense）とは，経営活動の対価として支出をしたことによってもたらされる資本（純資産）の減少の原因となったものです。費用には，次のようなものがあります。

16

費用の項目	内　　容
仕　　　入	商品を仕入れたときに支払った対価
給　　　料	従業員や役員に支払った報酬
広告宣伝費	経営活動のために支払った広告費
支 払 家 賃	建物などを賃借することで支払った家賃
支 払 地 代	土地を賃借することで支払った地代
旅費交通費	電車，タクシー，航空機など交通機関を使用した際に支払った代金
消 耗 品 費	伝票，帳簿，コピー用紙，プリンタ用インクなどの代金
水道光熱費	電気，ガス，上下水道などの料金
通　信　費	電話料金，インターネットプロバイダ料金，郵便料金など
支払手数料	ビジネス上の仲介や金融機関への振り込みなどで支払った手数料
雑　　　費	新聞や雑誌の購読料やお茶菓子代など
支 払 利 息	借入金に対して支払った利息

　一定期間における企業の経済活動によって生じたこのような収益と費用の差額として，**当期純利益**または**当期純損失**が計算されます。このような当期純利益の計算方法を損益法といいます。

$$収　益　-　費　用　=　当期純利益$$

例題3－1

　株式会社博多商事のX1年4月1日から4月30日までにおける経済活動で生じた収益と費用は以下のとおりです。当期純利益を算定しなさい。

売	上	¥250,000	仕	入	¥150,000
			給	料	¥50,000
収 益 合 計		¥250,000	費 用 合 計		¥200,000

解 答

　収益合計額￥250,000－費用合計額￥200,000＝当期純利益の額￥50,000

　４月中に行った経済活動の結果生じた，収益合計は￥250,000，費用合計は
￥200,000となりました。したがって，この１カ月間に獲得した当期純利益の額
は￥50,000と算定されます。

2　損益計算書の作成

　企業の一定期間における経営成績を表示した財務諸表が**損益計算書**（profit
and loss statement, P/L）です。損益計算書の右側に収益が，左側に費用が配
置されます。それらの差額についてですが，収益の額が費用の額より大きい場
合は，当期純利益が左側に表示されます。反対に，収益よりも費用の額が大き
い場合は，当期純損失が右側に表示されます。

例題３－２

　例題３－１で示した，株式会社博多商事のX1年４月１日から４月30日までに
生じた収益と費用にもとづいて，損益計算書を作成しなさい。

解 答

損 益 計 算 書

(株)博多商事　X1年４月１日からX1年４月30日まで

費　　用	金　　額	収　　益	金　　額
仕　　　入	150,000	売　　　上	250,000
給　　　料	50,000		
当 期 純 利 益	50,000		
	250,000		250,000

＊なお，損益計算書は，貸借対照表と同じく，金額表示には「￥」または「円」のよう
な貨幣単位を使用しません。

　上記の**例題３−２**で示されているように，損益計算書の左側に置かれた費用の合計額よりも，右側の収益の合計額のほうが¥50,000大きいです。この収益超過額が当期純利益を意味します。当期純利益は，損益計算書の左側に計上しますが，その際，「当期純利益」という計上項目とその金額「50,000」は朱書き（赤字で書くこと）します（本書ではゴシック体で強調して表記しています）。

3　損益計算書と貸借対照表の関係

　損益計算書と第２章で学んだ貸借対照表には，密接な関係があります。それを確認するために，もういちど，株式会社博多商事の例をとりあげます。X1年４月１日からX1年４月30日までを会計期間として想定します。

　X1年４月１日時点の貸借対照表を**期首貸借対照表**といいます。

貸 借 対 照 表

（株）博多商事　　　　　　　X1年４月１日

資　　産	金　　額	負債及び資本	金　　額
現　　　　金	100,000	借　入　金	100,000
建　　　　物	70,000	資　本　金	400,000
備　　　　品	30,000		
土　　　　地	300,000		
	500,000		500,000

　期首貸借対照表における資産の合計額を**期首資産**，負債の合計額を**期首負債**と呼び，それらの差額が**期首資本**（純資産）となります。

　１カ月後の４月30日の財政状態を表す貸借対照表は，次のように変化をしていました。これを**期末貸借対照表**といいます。

貸 借 対 照 表

（株）博多商事　　　　　　X1年4月30日

資　　　産	金　　額	負債及び資本	金　　額
現　　　　　金	140,000	買　　掛　　金	100,000
売　　掛　　金	170,000	借　　入　　金	200,000
建　　　　　物	70,000	資　　本　　金	400,000
備　　　　　品	70,000	繰越利益剰余金	50,000
土　　　　　地	300,000		
	750,000		750,000

　期末貸借対照表における資産の合計額を**期末資産**，負債の合計額を**期末負債**と呼び，それらの差額が**期末資本（純資産）**となります。

　第2章で学んだように，2つの異なる時点の貸借対照表の資本（純資産）の額を比較することで，当期純利益が計算されます（財産法）。博多商事の期首資本¥400,000と期末資本¥450,000を比べると，¥50,000が当期純利益として増加したことがわかります。この計算の方法によると資本（純資産）という財産の変動の結果が判明します。

　では，どのような理由で資産および負債が変動し，その結果，資本（純資産）が¥50,000増加することとなったのでしょうか。それは，博多商事が4月中に行った経済活動が原因でした。資産または負債が変動しただけでなく，いくつかの経済活動からは収益や費用も生じていたのです。

4月2日　商品を仕入れて代金¥50,000を現金で支払った。

　　　　　⇨費用（仕入）¥50,000

　7日　商品（仕入原価¥50,000）を販売して代金¥80,000は現金で受け取った。

　　　　　⇨収益（売上）¥80,000

　10日　商品を仕入れて代金¥100,000を後日支払うこととした。

　　　　　⇨費用（仕入）¥100,000

　15日　商品（仕入原価¥100,000）を販売して代金¥170,000は後日受け取ることとした。

　　　　　⇨収益（売上）¥170,000

20日 銀行から現金￥100,000を借り入れた。

25日 従業員に給料￥50,000を現金で支給した。

　　　⇨費用（給料）￥50,000

30日 備品を購入し代金￥40,000を現金で支払った。

　4月中の経済活動から生じた収益￥250,000と費用￥200,000の差額として，￥50,000の当期純利益が算定されました。この計算方法（損益法）によると，資本（純資産）の変動がどのような原因からもたらされたのかということが判明します。

　ここでわかることは，博多商事の当期純利益￥50,000が，2つの異なる方法で計算されているということです。

　　　貸借対照表による利益計算：期末資本－期首資本＝当期純利益

　　　損益計算書による利益計算：収　　　益－費　　　用＝当期純利益

　貸借対照表によっても，損益計算書によっても，当期純利益は同じ金額の￥50,000となります。つまり，貸借対照表と損益計算書は当期純利益の計算を軸として結びついていることが理解できます。次の例題でこの関係性を理解しましょう。

例題3－3

次の空欄①～⑥に正しい金額を入れなさい。

	期首貸借対照表			期末貸借対照表			損益計算書		
	資　産	負　債	資　本	資　産	負　債	資　本	収　益	費　用	純損益
(1)	①	6,000	1,000	10,000	8,000	②	5,000	③	1,000
(2)	5,000	④	3,000	12,000	5,000	7,000	⑤	6,000	⑥

解　答

　貸借対照表と損益計算書のそれぞれにおける要素の関係と，当期純利益の計算を通じたこれら2つの財務諸表の関係性を確認することにしましょう。

(1)

期首貸借対照表

資　　　産	負　　　債
①	6,000
	資　　　本
	1,000

期末貸借対照表

資　　　産	負　　　債
10,000	8,000
	資　　　本
	②

損益計算書

収　　　益	費　　　用
5,000	③
	当期純利益
	1,000

　①　期首資産について：「資産＝負債＋資本」なので，①＝負債6,000＋資本1,000ですから，①は7,000。

　②　期末資本について：資産10,000＝負債8,000＋資本②なので，②は2,000。

　③　費用について：「収益－費用＝当期純利益」なので，収益5,000－費用③＝当期純利益1,000ですから，③は4,000。

(2)

期首貸借対照表

資　　　産	負　　　債
5,000	④
	資　　　本
	3,000

期末貸借対照表

資　　　産	負　　　債
12,000	5,000
	資　　　本
	7,000

損益計算書

収　　　益	費　　　用
⑤	6,000
	当期純利益
	⑥

　④　期首負債について：資産5,000＝負債④＋資本3,000なので，④は2,000。

　⑤　収益について：収益⑤－費用6,000＝当期純利益⑥ですが，損益計算書を

構成する3つの構成要素のうち2つがわからないので，損益計算書だけからは算出できません。しかし，貸借対照表の期末資本と期首資本を比較することで当期純利益は計算可能となります。そこで当期純利益⑥をまず考えます。

⑥　当期純利益について：「当期純利益＝期末資本－期首資本」なので，⑥＝期末資本7,000－期首資本3,000ですから，⑥は4,000となり，

⑤　収益について：当期純利益⑥が4,000なので，収益⑤は10,000となります。

練習問題●3

1　次の各文の（　　）にあてはまる最も適当な語句を，以下の選択肢から選びなさい。

選択肢　大きい　　経営成績　　減少　　財政状態　　資本（純資産）　　増加
　　　　小さい　　当期純利益　　左側　　右側

(1)　損益計算書は企業の（　　）を表示する財務諸表である。

(2)　費用とは，資本（純資産）の（　　）の原因となったものをいう。

(3)　当期純利益は収益の金額が費用の金額よりも（　　）場合に生じる。

(4)　当期純損失は損益計算書の（　　）に表示される。

(5)　貸借対照表と損益計算書は（　　）の計算で緊密に関連している。

2　株式会社九州商店のX2年4月1日からX3年3月31日までの会計期間に生じた収益と費用は以下のとおりです。設問(1)から(4)に答えなさい。

受取手数料　￥50,000　　売上　￥850,000　　給料　￥250,000
広告宣伝費　￥100,000　　雑費　￥10,000　　仕入　￥400,000
水道光熱費　￥20,000　　通信費　￥10,000　　旅費交通費　￥40,000

(1)　収益の総額を求めなさい。

(2)　費用の総額を求めなさい。

(3)　当期純損益の金額を求めなさい。

(4)　損益計算書を作成しなさい。

▉ Column 3【損益計算書の当期純利益を赤文字で書くのはなぜ？】▉

　本書では，損益計算書で表示される当期純利益は「朱記」する（赤インクで書く）と説明しましたが，第2章の貸借対照表で表示される繰越利益剰余金（当期純利益）は赤い字で書くと説明していません。なぜ，損益計算書の当期純利益だけ違う色で表示されるのでしょうか。

　伝統的に，簿記での帳簿記入や決算書の作成の際には，黒と赤の2色のインクが使われます。大抵は黒インクを用いますが，特別な場合にだけ赤インクが使われます。当期純利益は損益計算書の左側に表示されます。しかし，当期純利益は収益総額が費用総額を上回ったものですので，その実体は，左側ではなく，右側にあります。

　損益計算書の左側は費用が書かれるところですが，当期純利益は費用ではありません。このように，本来あるべき場所ではないところに損益計算書の当期純利益は表示されるので，通常用いられる黒インクではなく，赤い色のインクで書かれるようになったのかもしれません。

　ちなみに，貸借対照表の繰越利益剰余金（当期純利益）は，負債と資本（純資産）が表示される右側に書かれますが，繰越利益剰余金（当期純利益）は資本（純資産）の一部ですので，それが本来書かれる場所に表示されているので黒インクのままでいいと考えることができます。第7章の決算のところで，資産と負債の項目を次期に繰り越す際も，赤インクで書くのも同じように説明することができるでしょう。

（工藤栄一郎）

第4章

取引と勘定記入

1 勘 定

簿記における計算上の単位を**勘定**とよびます。勘定では，記入の位置を左右に分け，増減を記録します。なお，簿記では勘定の左側を**借方**，右側を**貸方**といいます。

科目ごとに勘定が設けられます。**勘定科目**とは，現金，借入金，仕入，売上などの１つの記録計算単位のことです。

また，各勘定への記入には次のようなルールがあります。①資産が増加した場合は借方に記入し，減少した場合は貸方に記入します。②負債が増加した場合は貸方に記入し，減少した場合は借方に記入します。③資本（純資産）が増加した場合は貸方に記入し，減少した場合は借方に記入します。④費用が発生した場合は借方に記入します。⑤収益が発生した場合は貸方に記入します。

勘定は，Ｔ字の形をしているので，次のようにＴ字勘定（Ｔフォーム）の形式に略することがあります。

（借方）	（貸方）
① 資産の増加	① 資産の減少
② 負債の減少	② 負債の増加
③ 資本の減少	③ 資本の増加
④ 費用の発生	⑤ 収益の発生

たとえば，現金について記録する勘定は，現金勘定とよばれます。現金は資産なので，増加すると現金勘定の借方に記入し（**借記**といいます），減少

すると貸方に記入します（<ruby>貸記<rt>たいき（または，かしき）</rt></ruby>といいます）。

　たとえば，8月1日に現金が¥50,000増加した場合，この金額を現金勘定の借方に記入します。次に，8月2日に現金が¥20,000減少した場合，この金額を現金の貸方に記入します。さらに，8月3日に現金が¥45,000増加し，8月4日に現金が¥14,000減少した際も同じように記録します。この場合，8月1日から8月4日までの現金勘定の記入は以下のようになります。

（借方）	現	金	（貸方）
8/1	50,000	8/2	20,000
3	45,000	4	14,000

2 簿記上の取引

　簿記では，企業の資産・負債・資本（純資産）・収益・費用に増減変動をともなう経済活動を記録の対象とします。このように増減変動をもたらす経済活動のことを，簿記上の取引といいます。他方，企業の資産・負債・資本（純資産）・収益・費用に増減変動を伴わないことがらは簿記上の取引には該当しません。

　簿記上の取引は，資産・負債・資本（純資産）のみに変動をもたらす交換取引，収益・費用の発生をともなう損益取引，交換取引と損益取引が同時に組み合わされた混合取引に分類されます。

　さらに，現金の収入と支出に関する簿記上の取引は，現金の収入をともなう入金取引，現金の支出をともなう出金取引，現金の収入も支出もともなわない振替取引に分類されます。

例：簿記上の取引に該当するケース
・建物が火災により焼失した場合，建物という資産が減少するとともに火災損失という費用が発生します。
・決算時に現金が紛失したことが判明した場合，現金という資産が減少するとともに雑損という費用が発生します。

例：簿記上の取引に該当しないケース

・土地・建物を借りるための賃貸借契約を結んだ場合，資産，負債，資本
（純資産），収益および費用に増減がないため簿記上の取引に該当しません。

3 取引の結合関係

簿記上の取引は，貸借対照表項目である資産・負債・資本（純資産）の増減
と，損益計算書項目である費用・収益の発生の結合関係は，取引8要素とよば
れます。取引8要素は，借方要素同士や貸方要素同士の間で結ばれることはな
く，必ず借方の要素と貸方の要素との間で結ばれます。取引8要素の関係図は，
次に示すとおりです。

[取引8要素の結合関係]

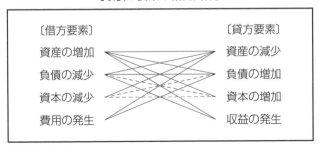

〔借方要素〕　　　　　　　　　　　　〔貸方要素〕

資産の増加　　　　　　　　　　　　資産の減少

負債の減少　　　　　　　　　　　　負債の増加

資本の減少　　　　　　　　　　　　資本の増加

費用の発生　　　　　　　　　　　　収益の発生

※　-----で示された取引はあまり発生しません。

例題4-1

福岡商店の9月中の取引について，取引8要素の結合関係を示しなさい。

9月1日　株式を発行し，株主から現金¥500,000の出資を受け，営業を始めた。

6日　商品¥100,000を仕入れ，代金は掛けとした。

10日　事務所で使うパソコン¥90,000を購入し，代金は現金で支払った。

15日　銀行から現金¥500,000を借り入れた。

20日　¥100,000で仕入れた商品を¥150,000で販売し，代金のうち半額は
現金で受け取り，残額は掛けとした。

30日　借入金のうち，¥250,000を利息¥1,000とともに現金で返済した。

28

解　答				
	借　方　要　素		貸　方　要　素	

9月1日　資　産（現　金）の増加　◄────►　資　本（資本金）の増加
　　6日　費　用（仕　入）の発生　◄────►　負　債（買掛金）の増加
　　10日　資　産（備　品）の増加　◄────►　資　産（現　金）の減少
　　15日　資　産（現　金）の増加　◄────►　負　債（借入金）の増加
　　20日　資　産（売掛金）の増加　◄────►　収　益（売　上）の発生
　　　　　資　産（現　金）の増加　╱
　　30日　負　債（借入金）の減少　◄────►　資　産（現　金）の減少
　　　　　費　用（支払利息）の発生　◄────╱

■資本金と資本準備金

　株式の発行により出資を受けた場合，その一部を「資本金」ではなく「資本準備金」に繰り入れることもありますが，本書の取り扱う範囲を超えるため，ここでは全額資本金としています。詳しい内容については上級の簿記テキストで学習してください。

練習問題●4

1

(1)　以下に掲げる9月1日から9月4日までの現金の増減を現金勘定に記入しなさい。

　9月1日　現金が¥55,000増加した。
　　2日　現金が¥32,000減少した。
　　3日　現金が¥41,000増加した。
　　4日　現金が¥28,000減少した。

(2)　以下に掲げる10月1日から10月4日までの借入金の増減を借入金勘定に記入しなさい。

　　10月1日　借入金が￥70,000増加した。

　　　　2日　借入金が￥24,000減少した。

　　　　3日　借入金が￥86,000増加した。

　　　　4日　借入金が￥99,000減少した。

2　次の出来事を，(1)簿記上の取引と，(2)簿記上の取引でないものとに分類しなさい。

　①商品の販売，②商品売買契約の締結，③従業員による現金の横領，④買掛金の回

　収，⑤給料の支払い，⑥売掛金の回収，⑦商品の盗難，⑧店舗の賃貸借契約の締結，

　⑨商品の購入，⑩倉庫の焼失，⑪従業員の雇用契約の締結，⑫銀行からの借入れ，

　⑬現金の盗難，⑭得意先との商談，⑮買掛金の支払い，⑯利息の支払い

3　取引8要素の結合関係を考慮し，次の（　　　　）のなかに，借方または貸方のど

　ちらかを記入しなさい。

　(1)　費用の発生は（　　　　）に記入する。

　(2)　資産の増加は（　　　　）に記入する。

　(3)　収益の発生は（　　　　）に記入する。

　(4)　資本の増加は（　　　　）に記入する。

　(5)　負債の減少は（　　　　）に記入する。

4　例示にならって，次の取引における取引8要素の結合関係を示しなさい。

　（例示）　商品￥50,000を仕入れ，代金は現金で支払った。

	借方要素	貸方要素
（例示）	費　用（仕　入）の増加	資　産（現　金）の減少

　(1)　株式を発行し，株主から現金￥800,000の出資を受け取って営業を始めた。

　(2)　商品￥150,000を仕入れ，代金は掛けとした。

　(3)　備品￥80,000を購入し，代金は現金で支払った。

　(4)　商品￥75,000（原価￥50,000）を売り上げ，代金は掛けとした。

　(5)　銀行から現金￥250,000を借り入れた。

　(6)　従業員への給料￥180,000を現金で支払った。

　(7)　商品を￥40,000（原価￥27,000）で売り渡し，￥15,000は現金で受け取り，残額

は掛けとした。

(8) 銀行からの借入金の一部¥150,000を利息¥2,000とともに現金で返済した。

(9) 商品を¥30,000で仕入れ，代金のうち半額は現金で支払い，残額は掛けとした。

Column 4【借方と貸方】

　簿記を勉強するときに多くの人がぶつかる「壁」がいくつかありますが，借方と貸方ということばはその代表的なもののひとつでしょう。借方は「借りている人」を意味する"debtor"，貸方は「貸している人」を意味する"creditor"という英語を日本語に翻訳したものです。そもそも複式簿記は金銭の貸し借りを証拠として残すために生まれた記録の形式だと考えられています。債権あるいは債務を管理するため，私からお金を借りている人の名前を主語つまり科目名とした勘定を開設します。

　たとえば，○月×日にXさんがAさんに100を貸したとします。Xさんは，Aさんに対する貸付金（債権）を管理するために，Aさんを科目名とした勘定をつくって次のように記録します。

Aさん（に対する貸付金）

○/×	100	

　勘定科目は取引の「主語」だと考えます。そうすると，Xにとっては，「Aさん」は〈私（X）に借りている人〉ということになります。この取引が簿記のルールに従うと勘定の左側に記入されます。債務者である「Aさん」は〈私（X）に100を借りている人〉ですので，勘定の左側は「借りている人」との取引が記入されることになります。こうして，勘定の左側は私から借りている人を意味する【借方】と呼ばれるようになったのです。

　反対に，お金を借りたAさんが簿記をした場合，私（A）はXさんから100を借りたという取引となり，Xさんを勘定科目名として，借入金（債務）を管理するための簿記が行われます。

Xさん（に対する借入金）

	○/×	100

　この取引は「Xさん」勘定の右側に記入されます。債権者である「Xさん」は

〈私（Ａ）に100を貸している人〉であり，この取引は右側に記録されるので，勘定の右側は私に貸している人を意味する【貸方】と呼ばれるようになりました。

　それにしても，取引相手を主語として記述するという記録のやり方に違和感をおぼえる人は少なくないでしょう。金銭の貸し借りは2人の当事者の間で行われるものですが，中世のヨーロッパでは，「貸した／借りていない」という金銭貸借をめぐって将来起こるかもしれない争いを防止するために，公証人という専門家に客観的な証拠を残してもらう目的で記録をつくってもらっていました。第三者の公証人からすると，「ＸさんはＡさんに100貸した」と「ＡさんはＸさんに100借りた」と，この取引の当事者それぞれが，記録の中に現れることになります。このように，昔の名残が現在の複式簿記の記録様式にみられるわけです。

　いずれにしても，借方貸方という簿記の専門用語は理解が簡単ではないのは変わりません。いまから150年ほど前，西洋の知識であった簿記を最初に日本語で紹介した福澤諭吉は，その本の中で，英語に忠実に「借」「貸」と表記していますが，そのままではわかりにくいので，「借」は「入」，「貸」は「出」と考えたほうがわかりやすいという解説を加えています。でも，簿記の世界では「借方」「貸方」は一番重要な専門用語です。みなさんがこれを理解していると「簿記ができる人」と思われるかもしれません。
　　　　　　　　　　　　　　　　　　　　　　　　　　　　（工藤栄一郎）

第5章

仕訳帳と元帳

1 帳簿の種類

簿記では，企業の経済活動を紙面またはコンピュータを用いて帳簿に記入します。簿記では，仕訳帳と総勘定元帳（元帳ともいいます）の2つの帳簿を主要簿としており，この2つの帳簿は，どのような企業であっても，かならず用いられなければなりません。仕訳帳（の仕訳）の内容を総勘定元帳（の勘定）へ記入することを転記といいます。主要簿以外の帳簿を補助簿とよびます。補助簿は補助記入帳と補助元帳とに分類されます。帳簿を組み合わせることによって成り立つ仕組みのことを帳簿組織とよびますが，仕訳帳と総勘定元帳のみから構成される帳簿組織は必要最低限のものとなります。

特定の取引が生じるごとに，仕訳帳への記入と同時に記入される補助簿を補助記入帳とよびます。補助記入帳とは，仕訳帳を補助する帳簿です。たとえば，現金出納帳は，現金の増減をともなう取引が生じると，仕訳帳に記入されるのと同時に記入される補助記入帳です。

仕訳帳から特定の勘定に転記する場合に総勘定元帳に転記するのと同時に転記される補助簿を補助元帳といいます。補助元帳とは，特定の勘定科目の取引先などの詳細が記入されている総勘定元帳を補助する帳簿です。たとえば，売掛金元帳は，仕訳帳から総勘定元帳に売掛金を転記するのと同時に転記されます。

帳簿を分類し，具体例を示すと以下のようになります。

帳簿	主要簿	仕訳帳	
		総勘定元帳	
	補助簿	補助記入帳	現金出納帳・小口現金出納帳
			当座預金出納帳
			仕入帳・売上帳
			受取手形記入帳・支払手形記入帳
		補助元帳	商品有高帳
			売掛金元帳（得意先元帳）
			買掛金元帳（仕入先元帳）
			固定資産台帳

2 仕訳と仕訳帳

(1) 仕 訳

　簿記では，取引によって増減変化した額を測定して各勘定に記入しますが，各勘定へ記入する前の準備段階として，取引について，借方要素と貸方要素との結合関係を利用して，ある借方の勘定科目と，別の貸方の勘定科目とに分解して，それぞれの金額を記録する手続きを実施します。この手続きを仕訳とよんで，仕訳帳で実施します。

　つまり，仕訳とは，取引を，その二面性にもとづいて，

　①　借方の勘定科目と貸方の勘定科目を決定し，

　②　それぞれの勘定科目に記入する金額を決定して，

記録する手続きをいいます。

　たとえば，「備品￥3,000を購入し，代金は現金で支払った」という取引について，取引要素の結合関係にしたがって示すと，次のようになります。

借方要素　　　　　　　　　　　貸方要素
資産の増加 ──────── 資産の減少
（備品の増加￥3,000）　　　　　（現金の減少￥3,000）

　この（　）内の記載内容について，次のように整理することができます。これが仕訳です。

　　（借）　備　　　　　品　3,000　　　（貸）　現　　　　　金　3,000

　仕訳は，簿記では非常に重要な手続きです。取引が発生したら，まず，仕訳を行うことで，取引を借方と貸方の要素に分解し，各勘定科目に記録する準備を行うからです。この準備段階としての仕訳を間違えると，その後の手続きに影響を及ぼすことになります。

例題5－1

次の取引を仕訳しなさい。

9月1日　株式を発行し，株主から現金￥300,000を受け取り，事業を始めた。
　　5日　熊本商店から商品￥100,000を仕入れ，代金は￥40,000を現金で支払い，残額は掛けとした。
　　8日　取引銀行から現金￥200,000を借り入れた。
　　11日　商品を長崎商店に￥60,000で売り渡し，代金のうち￥25,000を現金で受け取り，残額を掛けとした。
　　17日　長崎商店から売掛金の一部￥30,000を現金で受け取った。
　　21日　従業員に給料￥200,000を現金で支払った。
　　24日　熊本商店に買掛金の一部￥30,000を現金で支払った。
　　30日　借入金￥100,000を利息￥600とともに現金で返済した。

解　答

9月1日　（借）　現　　　　　金　300,000　　　（貸）　資　　本　　金　300,000

> 借方要素は，現金（資産）の増加￥300,000
> 貸方要素は，資本金（資本）の増加￥300,000

36

　5日　（借）仕　　　　　　入　100,000　　　（貸）現　　　　　　金　40,000
　　　　　　　　　　　　　　　　　　　　　　　　　買　掛　　金　60,000

> 借方要素は，仕入（費用）の発生￥100,000
> 貸方要素は，現金（資産）の減少￥40,000と
> 　　　　　　買掛金（負債）の増加￥60,000

　8日　（借）現　　　　　　金　200,000　　　（貸）借　入　　金　200,000

> 借方要素は，現金（資産）の増加￥200,000
> 貸方要素は，借入金（負債）の増加￥200,000

11日　（借）現　　　　　　金　25,000　　　（貸）売　　　　　　上　60,000
　　　　　　　売　掛　　金　35,000

> 借方要素は，現金（資産）の増加￥25,000と
> 　　　　　　売掛金（資産）の増加￥35,000
> 貸方要素は，売上（収益）の発生￥60,000

17日　（借）現　　　　　　金　30,000　　　（貸）売　掛　　金　30,000

> 借方要素は，現金（資産）の増加￥30,000
> 貸方要素は，売掛金（資産）の減少￥30,000

21日　（借）給　　　　　　料　200,000　　　（貸）現　　　　　　金　200,000

> 借方要素は，給料（費用）の発生￥200,000
> 貸方要素は，現金（資産）の減少￥200,000

24日　（借）買　掛　　金　30,000　　　（貸）現　　　　　　金　30,000

> 借方要素は，買掛金（負債）の減少￥30,000
> 貸方要素は，現金（資産）の減少￥30,000

30日　（借）借　入　　金　100,000　　　（貸）現　　　　　　金　100,600
　　　　　　　支　払　利　息　　600

> 借方要素は，借入金（負債）の減少¥100,000と
> 　　　　　支払利息（費用）の発生¥600
> 貸方要素は，現金（資産）の減少¥100,600

(2)　仕 訳 帳

　仕訳帳とは，取引が発生するつど，その日付順（発生順）に仕訳が行われる帳簿です。以下では，仕訳帳の記載方法について説明します。

<u>仕　訳　帳</u>　　　　　　　　　　　　1

X2年	摘　　　　要	元丁	借　　　方	貸　　　方

　日付欄　　　　　　　摘要欄　　　　　　元丁欄　　　金額欄　　　　金額欄

- ・日 付 欄　取引が発生した月日を記入します。
- ・摘 要 欄　左側に借方勘定科目を，次の行の右側に貸方勘定科目を記帳します。その場合，勘定科目には，（　）を付けます。ただし，どちらかに2つ以上の勘定科目が記帳される場合は，諸口と記入し，次の行から勘定科目を書き入れます。また，この欄の下には，取引の概要を示す小書きを記載します。
- ・元 丁 欄　仕訳帳から総勘定元帳に転記する際に，転記先の総勘定元帳のページ数（これを丁数といいます）を記入します。この欄に転記先を記入することで総勘定元帳に転記済みであることを確認する目的があります。
- ・金 額 欄　摘要欄で仕訳した勘定科目と同じ行に金額を記入します。
  　　　※仕訳帳の右上の数字の1は仕訳帳のページ数を示しています。

例題5-1の9月1日および9月5日の仕訳帳への記入は，以下のようになります。

仕 訳 帳

X1年		摘　　　　要	元丁	借　　　方	貸　　　方
9	1	（現　　　金）	1	300,000	
		（資　本　金）	21		300,000
		株主から出資を受け会社を設立			
	5	（仕　　　入）　　諸　　口	26	100,000	
		（現　　　金）	1		40,000
		（買　掛　金）	11		60,000
		熊本商店から仕入			

※本書の総勘定元帳のページ数について，1～10ページは資産の勘定で使用し，11～20ページは負債の勘定で使用し，21～25ページは資本の勘定で使用し，26～35ページは費用の勘定で使用し，36～45ページは収益の勘定で使用することとします。

3 仕訳帳から総勘定元帳への転記

(1) 転　記

仕訳の内容を勘定へ記入することを，簿記では転記とよんでいます。転記は，以下の手順で行います。

① 仕訳帳の借方の勘定科目の金額を，同じ名称の勘定の借方に，日付と仕訳の相手側の勘定科目とともに記入します。

② 仕訳帳の貸方の勘定科目の金額を，同じ名称の勘定の貸方に，日付と仕訳の相手側の勘定科目とともに記入します。

例題5-1の9月1日の仕訳とその転記を示すと，次のようになります。

9/1 （借）現　　　　　金 300,000 （貸）資　本　金 300,000

現　　　金		資　本　金	
9/1 資本金　300,000			9/1 現　金　300,000

　転記では，正確な勘定科目へ正しい金額を記入することが重要になります。日付と相手勘定科目の記入は備忘的な役割を持っているにすぎません。もしも，相手側の勘定科目が２科目以上のときは，「諸口」と記入します。

　例題５－１の９月５日の仕訳とその転記を示すと，次のようになります。
　9/5　（借）仕　　　　入　100,000　　（貸）現　　　　金　40,000
　　　　　　　　　　　　　　　　　　　　　　買　　掛　　金　60,000

仕　　　入		現　　　金	
9/5 諸　口　100,000		9/1 資本金　300,000	9/5 仕　入　40,000

買　　掛　　金	
	9/5 仕　入　60,000

(2)　総勘定元帳

　総勘定元帳とは，仕訳した結果を，総勘定元帳の勘定口座に転記することで，各勘定の増減変化を記録する帳簿です。総勘定元帳にはすべての勘定にページ番号が付されており，その番号が付されたそれぞれの勘定について記入する場所を勘定口座とよびます。

　総勘定元帳には，標準式と残高式があります。標準式を簡略化すると，すでに学んだＴ字勘定となります。残高式では，個々の勘定の残高を総勘定元帳において常時把握できるという特徴があります。以下では，それぞれの記載内容について説明します。

40

[標準式]

総勘定元帳

現　　　金　　　　　　　　　　　　　　　　　　　　1

X1年	摘　　要	仕丁	借　方	X1年	摘　　要	仕丁	貸　方

[残高式]

総勘定元帳

現　　　金　　　　　　　　　　　　　　　　　　　　1

X1年	摘　　要	仕丁	借　方	貸　方	借／貸	残　　高

・日 付 欄 ━▶仕訳帳の日付欄と同じく，取引が発生した日付を記入します。

・摘 要 欄 ━▶仕訳の相手科目を記入します。ただし，相手科目が複数ある
場合は，諸口と記入します。

・仕 丁 欄 ━▶転記元の仕訳が記入されている仕訳帳の頁数を記入します。
仕丁欄に転記元の頁数を記入しておくことで，転記が行われ
たことを確認できます。

・金 額 欄 ━▶借方金額欄には借方金額を，貸方金額欄には貸方金額を記入
します。なお，残高式の「借／貸」欄と「残高」欄について
の記入内容は，次のとおりです。

・借／貸欄 ━▶借方残高の場合は「借」と記入し，貸方残高の場合は「貸」
と記入します。

・残 高 欄 ━▶借方金額の合計額と貸方金額の合計額の差額である残高を計
算し，記入します。

　※総勘定元帳の右上の1はページ数（勘定の番号）を示しています。

例題5−1の9月1日および9月5日の総勘定元帳（標準式）への転記は以下のようになります。

[標準式]

総勘定元帳

現　　　　金　　　　　　　　　　　　　　　　　　　1

X1年		摘　　要	仕丁	借　方	X1年		摘　　要	仕丁	貸　方
9	1	資　本　金	1	300,000	9	5	仕　　入	1	40,000

仕　　　　入　　　　　　　　　　　　　　　　　　26

X1年		摘　　要	仕丁	借　方	X1年		摘　　要	仕丁	貸　方
9	5	諸　　口	1	100,000					

買　　掛　　金　　　　　　　　　　　　　　　　　11

X1年		摘　　要	仕丁	借　方	X1年		摘　　要	仕丁	貸　方
					9	5	仕　　入	1	60,000

資　　本　　金　　　　　　　　　　　　　　　　　21

X1年		摘　　要	仕丁	借　方	X1年		摘　　要	仕丁	貸　方
					9	1	現　　金	1	300,000

42

練習問題●5

1　次の各文の（　）のなかに入る適切な語を答えなさい。

(1)　発生した簿記上の取引について仕訳を日付順に記入する帳簿を（　　　　　）という。

(2)　すべての簿記上の取引を勘定口座に記録するために設けられた帳簿が（　　　　　）である。

2　次の取引を仕訳しなさい。

7/1　株式を発行し，株主から現金￥1,000,000を受け取って営業を始めた。

　4　営業用の備品￥6,000を買い入れ，代金は現金で支払った。

　5　沖縄商店から商品￥130,000を仕入れ，代金は掛けとした。

　7　大分商店に商品￥150,000を売り渡し，代金のうち，￥100,000は現金で受け取り，残額は掛けとした。

　11　熊本商店から商品￥9,000を仕入れ，代金は現金で支払った。

　14　商品売買の仲介をして，広島商店から手数料￥3,000を現金で受け取った。

　18　取引銀行から現金￥160,000を借り入れた。

　21　長崎商店から商品￥150,000を仕入れ，代金のうち，半額は現金で支払い，残額は掛けとした。

　25　従業員の給料￥180,000を現金で支払った。

　28　取引銀行からの借入金の利息￥1,000を現金で支払った。

　30　沖縄商店に対する買掛金￥130,000のうち，￥100,000を現金で支払った。

　31　大分商店に対する売掛金￥50,000のうち，￥20,000を現金で受け取った。

3　2の問題の取引の仕訳を総勘定元帳（標準式）に転記しなさい。

Column 5【仕訳帳と元帳，どちらが大切？】

　この章では簿記で用いる帳簿の種類について説明しました。主要簿として仕訳帳と総勘定元帳の2つがあげられていて，記帳手続きとしては，日々の取引を仕訳帳に記入して，それを元帳の関連する勘定に転記すると学びました。つまり，この2つの帳簿は分かちがたく結びついていると理解されます。

　簿記の大切な目的と働きとして，財産管理があります。自分が持っている価値あるものである資産，自分が果たすべき義務や責務である負債がいくらあり，その金額がどう変化したのかなどを認識するために，把握すべき対象を識別して記録をしていきます。これが勘定です。また，第9章で詳しく学びますが，企業の経済活動というのは商品売買を中心とするものです。したがって商品を販売してどれだけもうけたのかを計算することが大切です。利益計算を行うには「勘定」が必要になります。勘定を集めたものが総勘定元帳です。したがって，総勘定元帳がなければ，財産管理も利益計算もできないのです。

　では仕訳帳はどうでしょう。仕訳帳は英語で「journal：ジャーナル」です。journalはイタリア語ではgiornale：ジョルナーレといいます。giornoは一日を意味します。英語ではdayですね。仕訳帳というのは，毎日の取引を行った順番に書いていく帳簿です。つまりその日にあった出来事を書く日記のようなものです。実際，簿記ではかつて「日記帳：day-book」という帳簿が使われたことがありました。仕訳帳は日記帳から発展したものです。総勘定元帳とはちがって，仕訳帳では資産や負債を個別に管理することや商品販売からのもうけを計算することができません。つまり，複式簿記にとって，仕訳帳は総勘定元帳と比べると，必ずしも重要とはいえないのです。

　ですが，複式簿記で勘定に記録するには，取引を借方と貸方の要素に分解することが必要です。この記録様式に従った手続きを手助けするために仕訳帳は役立っています。また，絶対に忘れてはいけない簿記の大切な働きに，取引事実の証拠となるということがあります。仕訳帳は，いつどのような取引が行われたのかがその発生順に記録されているので，この意味においては大切なのです。

（工藤栄一郎）

第6章

試算表と精算表（決算予備手続）

---

1 試算表の種類と作成方法

　簿記上の取引は，仕訳の後に総勘定元帳に転記されることになりますが，総勘定元帳への転記などを誤ってしまった場合，たとえ，決算手続を正確に実施したとしても，誤った貸借対照表や損益計算書が作成されることになります。このようなリスクは，試算表を作成することにより避けることができます。試算表は，仕訳帳から総勘定元帳への転記が正しく行われたかを確認することおよび各勘定の状況を把握できるようにして，期末の決算手続を円滑にすることを目的として作成されます。

　試算表は，複式簿記に備わっている貸借平均の原理を利用して，総勘定元帳の記入の誤りや計算上の誤りを確かめることができます。貸借平均の原理とは，複式簿記において借方と貸方の金額が必ず一致するという法則を指します。複式簿記では，仕訳において借方と貸方の金額が一致するため，試算表においても借方と貸方の合計金額は必ず一致します。

　試算表には，合計試算表，残高試算表および合計残高試算表の3種類があります。

① 合計試算表──各勘定の借方合計と貸方合計を集計した試算表です。

② 残高試算表──各勘定の借方残高と貸方残高を集計した試算表です。

③ 合計残高試算表──合計試算表と残高試算表を1つにまとめた試算表です。

例題6－1

次の期末（X4年3月31日）の元帳から，合計試算表，残高試算表および合計残高試算表を作成しなさい。

現　金

借方		貸方	
[2月末までの記録]	1,000,000	3/ 3 備　品	150,000
3/ 4 受取手数料	90,000	10 買掛金	300,000
5 借入金	300,000	23 買掛金	500,000
27 売掛金	700,000	25 給　料	210,000
29 売掛金	650,000	26 支払家賃	150,000
		31 諸　口	638,000

売　掛　金

借方		貸方	
[2月末までの記録]	700,000	3/27 現　金	700,000
3/ 5 売　上	984,000	29 現　金	650,000
17 売　上	1,312,000		

備　品

借方		貸方	
[2月末までの記録]	250,000		
3/3 現　金	150,000		

買　掛　金

借方		貸方	
3/10 現　金	300,000	[2月末までの記録]	300,000
23 現　金	500,000	3/ 3 仕　入	600,000
		15 仕　入	800,000

借　入　金

借方		貸方	
3/31 現　金	580,000	[2月末までの記録]	580,000
		3/5 現　金	300,000

資　本　金

借方		貸方	
		[2月末までの記録]	1,000,000

繰越利益剰余金

借方		貸方	
		[2月末までの記録]	500,000

売　上

借方		貸方	
		[2月末までの記録]	7,000,000
		3/ 5 売掛金	984,000
		17 売掛金	1,312,000

受取手数料

借方		貸方	
		[2月末までの記録]	800,000
		3/4 現　金	90,000

仕　入

借方		貸方	
[2月末までの記録]	4,200,000		
3/ 3 買掛金	600,000		
15 買掛金	800,000		

給　料

借方		貸方	
[2月末までの記録]	2,310,000		
3/25 現　金	210,000		

支　払　利　息

借方		貸方	
[2月末までの記録]	70,000		
3/31 現　金	58,000		

支　払　家　賃

借方		貸方	
[2月末までの記録]	1,650,000		
3/26 現　金	150,000		

解　答

《合計試算表の作成》

合計試算表

X4年3月31日

借　方	勘定科目	貸　方
2,740,000	現　　　　　金	1,948,000
2,996,000	売　　掛　　金	1,350,000
400,000	備　　　　　品	
800,000	買　　掛　　金	1,700,000
580,000	借　　入　　金	880,000
	資　　本　　金	1,000,000
	繰越利益剰余金	500,000
	売　　　　　上	9,296,000
	受　取　手　数　料	890,000
5,600,000	仕　　　　　入	
2,520,000	給　　　　　料	
128,000	支　払　利　息	
1,800,000	支　払　家　賃	
17,564,000		17,564,000

一致する

　合計試算表は，各勘定口座の借方の合計金額と貸方の合計金額を計算し，合計試算表の勘定科目欄に記入します。合計試算表の借方合計金額と貸方合計金額が一致していることを確認します。

《残高試算表の作成》

残高試算表
X4年3月31日

借　　方	勘定科目	貸　　方
792,000	現　　　　　金	
1,646,000	売　掛　　金	
400,000	備　　　　　品	
	買　掛　　金	900,000
	借　入　　金	300,000
	資　本　　金	1,000,000
	繰越利益剰余金	500,000
	売　　　　　上	9,296,000
	受　取　手　数　料	890,000
5,600,000	仕　　　　　入	
2,520,000	給　　　　　料	
128,000	支　払　利　息	
1,800,000	支　払　家　賃	
12,886,000		12,886,000

一致する

　残高試算表は，勘定科目ごとに貸借差額を計算し，残高側に貸借差額を記入します。資産と費用の勘定科目の残高は借方に，負債・資本（純資産）・収益の勘定科目の残高は貸方にでます。借方合計金額と貸方合計金額が一致していることを確認します。

《合計残高試算表の作成》

合計残高試算表

X4年3月31日

借方		勘定科目	貸方	
残　高	合　計		合　計	残　高
792,000	2,740,000	現　　　　金	1,948,000	
1,646,000	2,996,000	売　掛　金	1,350,000	
400,000	400,000	備　　　　品		
	800,000	買　掛　金	1,700,000	900,000
	580,000	借　入　金	880,000	300,000
		資　本　金	1,000,000	1,000,000
		繰越利益剰余金	500,000	500,000
		売　　　　上	9,296,000	9,296,000
		受 取 手 数 料	890,000	890,000
5,600,000	5,600,000	仕　　　　入		
2,520,000	2,520,000	給　　　　料		
128,000	128,000	支 払 利 息		
1,800,000	1,800,000	支 払 家 賃		
12,886,000	17,564,000		17,564,000	12,886,000

　合計残高試算表は，合計試算表と残高試算表を統合した表です。試算表の内側の合計欄に各勘定科目の借方合計と貸方合計を記入し，試算表の外側の残高欄に各勘定科目の残高を記入します。

2 精算表の仕組みと作成方法

　精算表とは，残高試算表から貸借対照表と損益計算書を作成する手続きを一覧表にした計算表です。次章で学ぶ決算本手続を行う前に，精算表を作成しておくことで，決算本手続が正確かつ円滑に実施できるとともに，決算前に当期の財政状態と経営成績の概略を理解することができます。

　精算表には，6桁(けた)精算表と8桁精算表があり，精算表の金額欄を6つもつ精算表を6桁精算表，8つもつ精算表を8桁精算表といいます。この章では6桁精算表を学習します。

《精算表の仕組み》

　精算表の仕組みを図であらわすと，以下のようになります。

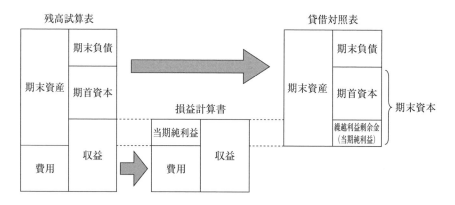

　例題6－1にもとづいて，精算表を作成すると，以下のようになります。

精　算　表

勘定科目	残高試算表		損益計算書		貸借対照表	
	借　方	貸　方	借　方	貸　方	借　方	貸　方
現　　　　　金	792,000				792,000	
売　　掛　　金	1,646,000				1,646,000	
備　　　　　品	400,000				400,000	
買　　掛　　金		900,000				900,000
借　　入　　金		300,000				300,000
資　　本　　金		1,000,000				1,000,000
繰越利益剰余金		500,000				500,000
売　　　　　上		9,296,000		9,296,000		
受 取 手 数 料		890,000		890,000		
仕　　　　　入	5,600,000		5,600,000			
給　　　　　料	2,520,000		2,520,000			
支　払　利　息	128,000		128,000			
支　払　家　賃	1,800,000		1,800,000			
	12,886,000	12,886,000				
当 期 純 利 益			138,000			138,000
			10,186,000	10,186,000	2,838,000	2,838,000

《精算表の作成手順》

6桁精算表は，以下の手順で作成します。

① 残高試算表欄に，元帳の各勘定口座の残高を記入します。

② 残高試算表欄の収益と費用に属する勘定科目の金額を損益計算書欄に移記します。

③ 残高試算表欄の資産・負債・資本（純資産）に属する勘定科目の金額を貸借対照表欄に移記します。

④ 損益計算書欄の借方側の金額を合計し，貸方側の金額を合計します。

⑤ 損益計算書欄の借方側の合計額が貸方側の合計額より少なければ，借方にその差額を**当期純利益**として記入し，多ければ，貸方にその差額を**当期純損失**として記入することで，借方と貸方の合計額を一致させます。なお，損益計算書に表示する当期純利益（または純損失）とその金額については朱記（赤ペン）します。

52

⑥　当期純利益であれば，その額を貸借対照表欄の貸方に，当期純損失であれば，その額を貸借対照表欄の借方に移記します。

⑦　貸借対照表欄の借方・貸方の金額を合計して，貸借の合計額が一致していることを把握します。

練習問題●6

1　次の勘定口座から，X2年3月31日現在の合計試算表，残高試算表および合計残高試算表を作成しなさい。

現　金

3/1 資本金	1,000,000	3/1 備　品	250,000
3 借入金	600,000	9 買掛金	300,000
12 売掛金	500,000	21 諸　口	305,000
22 受取手数料	50,000	22 買掛金	650,000
28 売掛金	320,000	25 給　料	180,000
		27 支払家賃	120,000

売　掛　金

| 3/5 売　上 | 820,000 | 3/12 現　金 | 500,000 |
| 20 売　上 | 1,476,000 | 28 現　金 | 320,000 |

備　品

| 3/1 現　金 | 250,000 | | |

買　掛　金

| 3/9 現　金 | 300,000 | 3/2 仕　入 | 500,000 |
| 22 現　金 | 650,000 | 14 仕　入 | 900,000 |

借　入　金

| 3/21 現　金 | 300,000 | 3/3 現　金 | 600,000 |

資　本　金

| | | 3/1 現　金 | 1,000,000 |

売　上

| | | 3/5 売掛金 | 820,000 |
| | | 20 売掛金 | 1,476,000 |

受取手数料

| | | 3/22 現　金 | 50,000 |

仕　入

| 3/2 買掛金 | 500,000 | | |
| 14 買掛金 | 900,000 | | |

給　料

| 3/25 現　金 | 180,000 | | |

支払利息

| 3/21 現　金 | 5,000 | | |

支払家賃

| 3/27 現　金 | 120,000 | | |

2　上記1の問題の資料から，精算表を作成しなさい。

3　次の各勘定残高にもとづいて，X6年12月31日の精算表を作成しなさい。なお，資本金勘定の残高は各自計算すること。

現金￥3,035,000　　売掛金￥4,750,000　　備品￥1,200,000

買掛金￥2,112,000　　借入金￥1,550,000　　資本金￥　？

繰越利益剰余金￥1,150,000　　売上￥8,750,000　　受取家賃￥1,028,000

仕入￥4,375,000　　給料￥2,400,000　　支払利息￥150,000

支払家賃￥1,440,000　　消耗品費￥240,000

第7章

決　算

1　決算の意義

　簿記では，日々の取引を仕訳帳に記録すると同時に総勘定元帳に転記して企業の経営活動に関する情報が蓄積されます。しかし，帳簿記録を重ねるだけでは，会計期間においていくらの利益を獲得したのか（経営成績）や，保有する資産や返済すべき負債がいくらあるのか（財政状態）などの情報をすぐに明らかにすることはできません。

　そこで，期末において総勘定元帳の記録を整理して，財務諸表である損益計算書と貸借対照表を作成します。この手続を**決算**といい，決算を実施する日を**決算日**といいます。

　決算の手続は，第6章で学んだ**決算予備手続**に続いて，**決算本手続**から構成されます。決算本手続では，総勘定元帳のすべての勘定口座の締切を行います。簿記で，決算というと，実質的に帳簿の締切あるいは勘定の締切を意味するのはこのためです。帳簿の締切は以下の手順で行います。

2　決算本手続

(1)　収益・費用の各勘定の締切

　総勘定元帳の各勘定口座のうち，まずは，収益と費用の勘定の締切が行われます。それは，当期純利益（純損失）を計算するためです。当期純利益（純損失）は，その会計期間に生じた収益と費用を比較することで求められます。し

たがって，すべての収益勘定とすべての費用勘定を1つの勘定にまとめること
が必要です。そのために，**損益勘定**という勘定口座を決算に際して総勘定元帳
に新しく開設します。

① 収益・費用の勘定残高を損益勘定へ振り替える

まず，収益の各勘定の貸方残高を損益勘定の貸方に移動して集めます。この
手続を**振替**といいます。次に，費用の各勘定の借方残高を損益勘定の借方に振
り替えます。

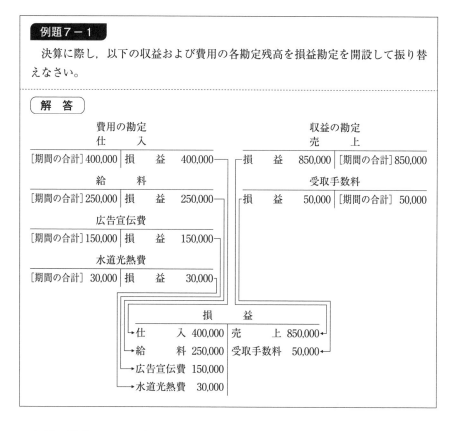

収益の勘定である，売上勘定の貸方残高¥850,000と受取手数料勘定の貸方
残高¥50,000を，損益勘定の貸方に振り替えます。振り替える場合には，まず

収益の勘定の貸方残高（売上勘定の場合は¥850,000）を借方側に記入し，その金額が損益勘定へ振り替えられたことの関係を示すために，相手勘定に「損益」と書きます。同時に，振替先である損益勘定では，貸方に¥850,000が記入され，この振替元が売上勘定であることを示すために，相手勘定に「売上」と書きます。受取手数料勘定からの振替手続きについても同様に処理します。

　次に，費用の勘定である，仕入勘定の借方残高¥400,000，給料勘定の借方残高¥250,000，広告宣伝費勘定の借方残高¥150,000，それに水道光熱費勘定の借方残高¥30,000を，損益勘定勘定の借方に振り替えます。振り替える場合には，まず費用の勘定の借方残高（仕入勘定の場合は¥400,000）を貸方側に記入し，その金額が損益勘定に振り替えられたことの関係を示すために，相手勘定に「損益」と書きます。同時に，振替先である損益勘定では，借方に¥400,000が記入され，この振替元が仕入勘定であることを示すために，相手勘定に「仕入」と書きます。給料勘定，広告宣伝費勘定，それに水道光熱費勘定からの振替手続きについても同様に処理します。

② 総勘定元帳の振替記入を仕訳帳へ記入する

　収益・費用の各勘定口座の残高を損益勘定に集合させたことは，形式的には簿記上の「取引」にあたります。つまり，売上勘定の残高¥850,000を損益勘定に振り替えた手続を，再度確認すると，売上勘定の借方に¥850,000を記入し，そして，損益勘定の貸方に¥850,000を記入しています。ある勘定の借方と別の勘定の貸方に二重に記録されたわけですので，これは「取引」を複式簿記で処理したことになります。したがって，決算に際しての振替手続は簿記上の「取引」となり，仕訳帳への記入が必要になります。これを**決算振替仕訳**といいます。

例題7－2

　例題7－1の決算振替記入を仕訳帳に仕訳しなさい。

解 答

（借）売　　　　　上　　850,000　　（貸）損　　　　益　　900,000
　　　受 取 手 数 料　　　50,000

（借）	損	益	830,000	（貸）	仕	入	400,000
					給	料	250.000
					広 告 宣 伝 費		150,000
					水 道 光 熱 費		30,000

　収益・費用の各勘定残高を総勘定元帳に新しく開設した損益勘定に振り替える際には，収益あるいは費用の勘定ごとにその残高を記入しましたが，この勘定記入を仕訳帳に記録するにあたっては，損益勘定へ振り替えられた収益ならびに費用の総額を記帳します。

　③　収益・費用の各勘定口座を締め切る

　決算において，すべての収益・費用の勘定口座は，その残高を損益勘定に振り替えたので，役割を終えたことになります。したがって，勘定の締切を行います。

例題7－3

　次の収益及び費用の各勘定口座を締め切りなさい。

　＊例題7－1の勘定記録と同一ですが，売上勘定と仕入勘定については，期中の複数の取引を個別に示しています。

解　答

仕　入

現　金	50,000	損　益	400,000
諸　口	250,000		
買掛金	100,000		
	400,000		400,000

売　上

損　益	850,000	現　金	400,000
		売掛金	100,000
		諸　口	350,000
	850,000		850,000

給　料

現　金	250,000	損　益	250,000

受取手数料

損　益	50,000	現　金	50,000

広告宣伝費

現　金	150,000	損　益	150,000

```
             水道光熱費
 現　金   30,000 | 損　益   30,000
```

収益と費用の各勘定口座は，期末における残高を損益勘定へ振り替えた結果，貸借平均した状態にあります。勘定の締め切り方ですが，借方側と貸方側のどちらかに２回以上の記録がされているもの（この例題では売上勘定と仕入勘定）については，借方側と貸方側の金額欄に**合計線**（単線）を引いて，それぞれの合計額を計算します。借方側，貸方側のどちらかに余白の行がある場合には，合計線を相手勘定名が記入されている摘要欄まで延ばして，余白行に三角線（斜線）を引きます。借方側と貸方側の合計額が一致しているのを確認して，その金額欄の下部に**締切線**（二重線）を引きます。

　なお，受取手数料勘定や給料勘定など，借方側あるいは貸方側に１行分しか記入がされていないものについては，合計額を示す必要がありません。したがって，借方と貸方の金額欄の下部に締切線（二重線）を引くだけで勘定の締切手続きは終わりです。

⑵　当期純損益の確定と繰越利益剰余金勘定への振替

　帳簿の締切の２番目の手順は，損益勘定で当期純利益または当期純損失を確定し，それを資本（純資産）の勘定である繰越利益剰余金勘定に振り替えることです。すべての収益と費用とが損益勘定に集合された結果，損益勘定に貸方差額がある場合には，それは当期純利益であり，資本（純資産）の増加を意味するので，繰越利益剰余金勘定の貸方に振り替えます。反対に，損益勘定に借方差額がある場合には，それは当期純損失であり，資本（純資産）の減少を意味するので，繰越利益剰余金勘定の借方に振り替えます。

　これによって，損益勘定はその役割を終えることになるので，損益勘定は締め切ることができます。

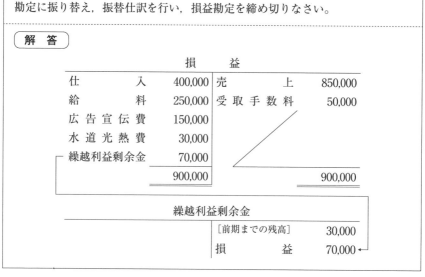

例題7－4

　例題7－1の設例を用いて，損益勘定で当期純利益を確定し，繰越利益剰余金勘定に振り替え，振替仕訳を行い，損益勘定を締め切りなさい。

解　答

損　　益

仕　　　　　入	400,000	売　　　　　上	850,000
給　　　　　料	250,000	受 取 手 数 料	50,000
広 告 宣 伝 費	150,000		
水 道 光 熱 費	30,000		
繰越利益剰余金	70,000		
	900,000		900,000

繰越利益剰余金

		［前期までの残高］	30,000
		損　　　　　益	70,000 ◄

　損益勘定において，収益の総額が¥900,000，費用の総額が¥830,000なので，貸方に¥70,000の差額が存在します。したがって，当期純利益は¥70,000となり，借方と貸方を平均させるために，借方側に70,000が表示されます。そして，損益勘定の当期純利益¥70,000は，資本（純資産）の繰越利益剰余金勘定の貸方に振り替えられます。損益勘定から繰越利益剰余金勘定に振り替えられたので，相手勘定名を「繰越利益剰余金」と，繰越利益剰余金勘定に加算された当期純利益70,000は損益勘定から振り替えられたので，相手勘定名を「損益」と書きます。

　この決算振替記入を仕訳すると次のようになります。

（借）損　　　　　益　70,000　　　（貸）繰越利益剰余金　70,000

　損益勘定で当期純利益¥70,000が確定されたので，損益勘定はその役割を終えたので締め切られます。貸方側の収益の金額を合計するため，金額欄に合計線（単線）を引いて900,000の合計額を記入します。借方側の費用の合計額は

¥830,000ですが，収益の合計額が費用の合計額を超過した分である当期純利益¥70,000を，貸借平均させるために借方側に表示しているので，それを含めた合計金額900,000が合計線を引かれることによって記入されます。これで，損益勘定の借方と貸方の金額が一致したので，借方貸方の金額欄の下部に締切線（二重線）を引きます。なお，借方に記入されている行数との空白を埋めるため，貸方側の摘要欄には三角線を引きます。

(3)　資産・負債・資本（純資産）の勘定の繰越と締切

　決算本手続の最後の手順は，資産・負債・資本（純資産）の勘定口座を締め切ることです。資産・負債・資本（純資産）の諸勘定の締め切り方には大陸式決算と英米式決算と呼ばれる2つの方法がありますが，ここでは，英米式決算について説明をしていきます。

　資産と負債は具体的な財貨や債権それに債務などが実在するものです。簿記の決算というのは，継続する経営活動をいったん終了したと仮定したものです。したがって，決算日には，資産や負債の勘定口座には企業が保有する資産や返済義務のある負債について有高が実在します。英米式決算というのは，これら決算日時点での有高を確認し，それらを次の会計期間つまり次期に繰り越していくという手続きを行います。この繰越手続は，現金勘定を例にあげると，決算日時点における現金の有高を確認し，その金額が次期の会計期間に繰り越されるということを，同じ現金勘定のなかで記録していきます。

〈締切前〉

現　　金

[期首の有高]	250,000	仕　　入	50,000
売　上	400,000	広告宣伝費	150,000
売　掛　金	330,000	仕　　入	50,000
受取手数料	50,000	水道光熱費	30,000
売　上	200,000	買　掛　金	350,000
		給　　料	250,000
	1,230,000		

〈締切後〉

現　　金

[期首の有高]	250,000	仕　　入	50,000
売　上	400,000	広告宣伝費	150,000
売　掛　金	330,000	仕　　入	50,000
受取手数料	50,000	水道光熱費	30,000
売　上	200,000	買　掛　金	350,000
		給　　料	250,000
		3/31次期繰越	350,000
	1,230,000		1,230,000
4/1前期繰越	350,000		

　具体的に現金勘定を例にみていきます。前のページに示した，左が期中における取引の結果が記録された現金勘定です。貸借を合計すると，借方には現金の増加額¥1,230,000が，貸方には減少額¥880,000が計上されています。したがって，決算日における現金の有高（残高）は¥350,000となります。この期末有高¥350,000が，次の会計期間に繰り越される金額となります。

　右側の現金勘定が締切手続きをしたものです。期末の現金有高¥350,000について，摘要欄に「次期繰越」，金額欄に「350,000」と書いて繰越手続を行います。次期繰越の文字とその金額は朱書きします。勘定の締切はこれまでと同じように，貸借どちらかの欄に空白行がある場合は三角線を引き，借方・貸方どちらの側の金額欄にも合計線を引いて合計金額を表示します。貸借の一致を確認したところで，金額欄の下段に締切線を引きます。

　また，決算期の現金勘定を締め切ると同時に，次期の会計期間の開始日（4月1日）の日付でもって，現金勘定の借方側摘要欄に「前期繰越」そして金額欄に「350,000」を書き入れます。英米式決算と呼ばれるこの手法では，資産・負債の各勘定の繰越に関して，総勘定元帳に繰越手続のために必要な集合勘定を新たに開設することはしません。したがって，総勘定元帳においての振替手続きはされないので，仕訳帳での記録はされません。次期繰越は，元帳の勘定口座に記録はされますが，簿記上の取引ではないのです。

例題7－5

　次の資産・負債・資本（純資産）の勘定口座を締め切りなさい。

現　　金				売　掛　金		
［期首の有高］	250,000	仕　　　入	50,000	［期首の有高］ 230,000	現　　金	330,000
売　　　上	400,000	広告宣伝費	150,000	売　　　上 100,000		
売　掛　金	330,000	仕　　　入	50,000	売　　　上 150,000		
受取手数料	50,000	水道光熱費	30,000			
売　　　上	200,000	買　掛　金	350,000			
		給　　　料	250,000			

	備　　品		
[期首の有高] 200,000			

買　掛　金			
現　　　　金 350,000	[期首の有高] 150,000
	仕　　　　入 200,000
	仕　　　　入 100,000

借　入　金	
	[期首の有高] 300,000

資　本　金	
	[期首の有高] 200,000

繰越利益剰余金	
	[期首の有高] 30,000
	損　　　　益 70,000

[解　答]

現　　　金			
[期首の有高] 250,000	仕　　　　入 50,000
売　　　上 400,000	広告宣伝費 150,000
売　掛　金 330,000	仕　　　　入 50,000
受取手数料 50,000	水道光熱費 30,000
売　　　上 200,000	買　掛　金 350,000
	給　　　料 250,000
	3/31次期繰越 350,000
1,230,000	1,230,000
4/1前期繰越 350,000	

売　掛　金			
[期首の有高] 230,000	現　　　金 330,000
売　　　上 100,000	3/31次期繰越 150,000
売　　　上 150,000	
480,000	480,000
4/1前期繰越 150,000	

備　　品			
[期首の有高] 200,000	3/31次期繰越 200,000
4/1前期繰越 200,000	

買　掛　金			
現　　　金 350,000	[期首の有高] 150,000
3/31次期繰越 100,000	仕　　　　入 200,000
	仕　　　　入 100,000
450,000	450,000
	4/1前期繰越 100,000

借　入　金			
3/31次期繰越 300,000	[期首の有高] 300,000
	4/1前期繰越 300,000

資　本　金			
3/31次期繰越 200,000	[期首の有高] 200,000
	4/1前期繰越 200,000

資産の諸勘定の締切の手続は，現金勘定での解説と同じです。買掛金などの負債の諸勘定と資本金勘定は，当期決算日における残高を借方側摘要欄に「次期繰越」そしてそれぞれの金額を書いて繰越を行い勘定を締め切ります。同時に，決算日翌日の日付でもって，各勘定の貸方側摘要欄に「前期繰越」とそれぞれの金額を書きます。

最後に，資本（純資産）勘定のうちの繰越利益剰余金勘定ですが，損益勘定から当期純利益（または当期純損失）の振替がすでに行われています。したがって，当期首の有高¥30,000に当期純利益¥70,000が加算された¥100,000が次期への繰越額となります。この繰越利益剰余金勘定の締切で，すべての総勘定元帳勘定口座が締め切られたことになります。

3 繰越試算表の作成

すべての資産・負債・資本（純資産）の勘定の締切に際して，繰越手続が正しく行われているかについて確認する必要があります。そこで，決算日における各勘定の次期繰越の金額を集計した繰越試算表を作成します。資産の各勘定の次期繰越額は繰越試算表の借方側に，負債と資本（純資産）の各勘定の次期繰越高は繰越試算表の貸方側に記入します。

例題7−6

例題7−5の勘定記録から，繰越試算表を作成しなさい。

解　答

繰越試算表

X2年3月31日

借　方	勘定科目	貸　方
350,000	現　　　　金	
150,000	売　掛　金	
200,000	備　　　　品	
	買　掛　金	100,000
	借　入　金	300,000
	資　本　金	200,000
	繰越利益剰余金	100,000
700,000		700,000

4 その他の帳簿の締切

　ここまで，決算手続について総勘定元帳の締切を中心にみてきましたが，簿記では，決算はすべての帳簿を締め切ることを意味します。したがって，日々の取引がその発生順に記録されている仕訳帳についても，決算時に行った決算振替仕訳を含めて，締切手続を行います。また，総勘定元帳と仕訳帳のほかに，現金出納帳などさまざまな帳簿類がある場合にも，その締切は行われます。

5 決算報告

　帳簿の締切を中心とする決算の本手続が完了すると，その結果を報告するための財務諸表を作成します。帳簿は，原則として，企業内部の重要な経営資料ですので，企業の外部者はその内容を知ることはできません。しかし，たとえば，銀行から融資を受ける際など，企業の外部に対して，財政状態や経営成績

など事業の状況を知らせるために，損益計算書や貸借対照表を作成します。こ
れら財務諸表は決算手続において締め切られた総勘定元帳から作成されます。
　具体的には，損益勘定から損益計算書が，英米式決算手続の場合は，繰越試
算表から貸借対照表が作成されます。

例題7－7

　例題7－4の損益勘定および**例題7－6**の繰越試算表から，損益計算書と貸借
対照表を作成しなさい。なお，会計期間はX1年4月1日からX2年3月31日まで
とする。

解　答

損 益 計 算 書
X1年4月1日からX2年3月31日まで

費　　　　用	金　　額	収　　　　益	金　　額
仕　　　　入	400,000	売　　　　上	850,000
給　　　　料	250,000	受 取 手 数 料	50,000
広 告 宣 伝 費	150,000		
水 道 光 熱 費	30,000		
当 期 純 利 益	70,000		
	900,000		900,000

貸 借 対 照 表
X2年3月31日

資　　　　産	金　　額	負債及び資本	金　　額
現　　　　金	350,000	買　　掛　　金	100,000
売　　掛　　金	150,000	借　　入　　金	300,000
備　　　　品	200,000	資　　本　　金	200,000
		繰越利益剰余金	100,000
	700,000		700,000

練習問題●7

1　第6章「試算表と精算表」の**例題6－1**の各勘定口座を締め切り（英米式決算），繰越試算表を作成し，損益計算書と貸借対照表を作成しなさい。なお，会計期間はX3年4月1日からX4年3月31日までとする。

2　第6章「試算表と精算表」の**練習問題6－1**の各勘定口座を締め切り（英米式決算），繰越試算表を作成し，損益計算書と貸借対照表を作成しなさい。なお，会計期間はX2年3月1日からX2年3月31日までとする。

Column 6【帳簿を締め切るということ】

　簿記で決算という場合，帳簿を締め切る手続きのことをいいますが，なぜ締切が必要なのかを考えてみます。

　帳簿の記録面を思い浮かべてください。帳簿は，英語でbookといいます。つまり見開きで2つのページがある「本」の様式をしています。この見開いた状態が「T字勘定」のもととなったのです。左のページが借方，右が貸方です。それぞれのページの上のほうから順に記入をしていくわけですが，どちらのページも書くことのできるスペースは限られています。借方あるいは貸方のどちらかの記録面がいっぱいになると，新しい見開きページにそのあとで行われる取引について書いていくのですが，それまでに記録された内容を要約して新しいページに引き継ぐことが必要となります。そこで，記録面（ページ）がいっぱいになる前に，その勘定の金額をいったん集計して新しい記録面へ繰り越します。この手続きのために勘定の締切が行われます。また，総勘定元帳または勘定は，1冊の冊子体ですので，すべてのページに記入がされた場合，新しい冊子体が帳簿として必要になります。新しい冊子体としての帳簿には，それまでの古い帳簿に記録された金額が引き継がれる必要があります。この場合も，勘定の締切が行われます。つまり，記録できる物理的な空間の制約があるために，新しい勘定や冊子体に移行する際に勘定や帳簿の締切が行われるのです。

　また，勘定の締切はもうひとつの理由からも行われます。それは利益計算のためです。現代では，企業活動はずっと継続していくという前提で簿記を実践しますが，かつてのビジネス活動は特定のプロジェクト単位で行われていて（これを冒険事業といいます），そのプロジェクトが終了して清算されるたびに利益の計

算がされました。清算の時点で帳簿が締め切られて利益の計算がされたのです。その後，ビジネスが継続して実施されるようになると，企業活動は理念的には終わらないわけですから，最終成果である利益を計算することができません。そこで，企業活動に対して，適当なタイミングで，具体的には１年とか１カ月とかの時間で人為的に区切って，清算を擬制するようになりました。これが現代でいう決算です。

　このように，帳簿の締切という簿記の手続きには，空間的な制約と時間的な制約という，次元の異なる２つの理由から行われるようになったことがわかります。

（工藤栄一郎）

第8章

現金・預金

1 現金勘定と現金出納帳

　簿記上，現金勘定で処理されるものには，通貨（紙幣・硬貨）のほかに，他人振出小切手，送金小切手，郵便為替証書などの通貨代用証券があります。これらは，金融機関に提示すると即座に通貨と引き替えることができるので，通貨と同様に扱われます。

　現金を受け取ったときは，現金勘定（資産）の借方に，現金を支払ったときには貸方に記入します。なお，現金の収支については，その明細を補助簿である現金出納帳に記入します。

例題8−1

　次の取引を仕訳し，現金出納帳に記入しなさい。
　7月1日　現金勘定の前月繰越高　¥220,000
　　　5日　沖縄株式会社から商品¥80,000を仕入れ，代金は現金で支払った。
　　　10日　従業員の給料¥100,000を現金で支払った。
　　　24日　熊本株式会社から売掛金の回収として，同社振り出しの小切手¥80,000を受け取った。

解　答

7月5日	（借）	仕	入	80,000	（貸）	現	金	80,000
10日	（借）	給	料	100,000	（貸）	現	金	100,000
24日	（借）	現	金	80,000	（貸）	売	掛	金	80,000

現金出納帳

X 1年		摘　　　　要	収　　入	支　　出	残　　高
7	1	前月繰越	220,000		220,000
	5	沖縄株式会社から商品仕入		80,000	140,000
	10	従業員給料支払い		100,000	40,000
	24	熊本株式会社から売掛代金回収	80,000		120,000
	31	**次月繰越**		**120,000**	
			300,000	300,000	
8	1	前月繰越	120,000		120,000

＊ゴシック体は朱書き。

2　現金過不足勘定

現金の手許有高は，記入漏れや誤記入などにより，帳簿残高，すなわち，現金勘定や現金出納帳の残高と一致しない場合があります。このような場合，帳簿残高を実際有高にあわせて修正しなければなりません。現金過不足が生じた場合には，一時的に**現金過不足勘定**に記入し，原因が判明したときに正しい勘定に振り替えます。しかし，決算日までに原因が判明しなかったときは**雑損勘定**（費用）または**雑益勘定**（収益）に振り替えます。

例題8－2

次の一連の取引を仕訳しなさい。
(1) 現金の実際有高が帳簿残高より¥4,000少ないことが判明した。
(2) 調査の結果，上記不足額のうち¥3,500は旅費交通費の記入漏れであることが判明した。
(3) 決算に際し，現金不足の残高は原因が不明であった。

解　答

(1)	(借)	現 金 過 不 足	4,000	(貸)	現　　　　　　金	4,000
(2)	(借)	旅 費 交 通 費	3,500	(貸)	現 金 過 不 足	3,500
(3)	(借)	雑　　　　　損	500	(貸)	現 金 過 不 足	500

例題8−3

次の一連の取引を仕訳しなさい。
(1) 現金の実際有高が帳簿残高より¥2,000多いことが判明した。
(2) 調査の結果，上記過剰額のうち¥1,600は売掛金回収の記入漏れであることが判明した。
(3) 決算に際し，現金過剰額の残高は原因が不明であった。

解　答

(1)	（借）	現	金	2,000	（貸）	現 金 過 不 足	2,000
(2)	（借）	現 金 過 不 足		1,600	（貸）	売 掛 金	1,600
(3)	（借）	現 金 過 不 足		400	（貸）	雑 益	400

3　当座預金勘定と当座預金出納帳

　当座預金は，銀行との当座取引契約に基づく無利息の預金です。当座預金口座に現金を預け入れたときは，**当座預金勘定**（資産）の借方に記入します。当座預金の引出しには小切手を用います。小切手を振り出したときは，当座預金勘定の貸方に記入します。

　小切手を振り出すことによって，企業は取引先等への支払いを銀行に代行してもらうことになり，企業内に多額の現金を保管しておく必要がなくなります。

```
              小　切　手
AH 1                                 沖縄  1201
    支払地    沖縄県名護市為又3丁目      0501-007
          株式会社沖縄県民銀行    学園都市支店

    （金額）      ¥180,000
上記の金額をこの小切手と引き換えに持参人へお支払下さい

          拒絶証書不要

提 出 日   X1年5月7日      振 出 人    名護市為又1丁目1番地
振 出 地   名護市                   学校法人 梨の木学園 ㊞
```

したがって，盗難などのリスクを低減できることから，無利息であるにもかか
わらず企業に利用されています。

例題8−4

次の取引を仕訳し，当座預金出納帳に記入しなさい。

8月1日　取引銀行と当座取引契約を結び，現金￥100,000を預け入れた。

　　7日　熊本株式会社からの売掛金￥240,000の回収として当座預金口座に
　　　　　振り込まれた旨，取引銀行から連絡があった。

　　20日　沖縄株式会社に対する買掛金￥150,000の支払いとして，小切手を
　　　　　振り出した。

- -

解　答

8月1日　（借）当　座　預　金　100,000　（貸）現　　　　　金　100,000

　　7日　（借）当　座　預　金　240,000　（貸）売　　掛　　金　240,000

　　20日　（借）買　　掛　　金　150,000　（貸）当　座　預　金　150,000

当座預金出納帳

X1年		摘　　要	預　入	引　出	借/貸	残　高
8	1	現金預け入れ	100,000		借	100,000
	7	熊本株式会社から売掛金回収	240,000		〃	340,000
	20	沖縄株式会社へ買掛金支払い		150,000	〃	190,000
	31	次月繰越		190,000		
			340,000	340,000		
9	1	前月繰越	190,000		借	190,000

＊ゴシック体は朱書き。

4　当座借越

　小切手は当座預金残高を超えて振り出すことはできませんが，あらかじめ銀
行と当座借越契約を結んでいれば，当座預金残高を超えて借越限度額まで振り
出すことができます。小切手の振出しによって当座借越が生じる場合は，当座

預金勘定が貸方残高になります。その後，当座預金に預け入れた場合には，当座預金勘定の借方に記入することによって貸方残高が減少します。

　決算に際し，当座預金勘定が貸方残高の場合には，**当座借越勘定**（負債）に振り替えます。また，翌期首に当座借越勘定から当座預金勘定に振り替えます。

例題8－5

次の取引を仕訳しなさい。

(1) 買掛金¥150,000の支払いとして小切手を振り出した。なお，当座預金残高は¥100,000であり，限度額¥200,000の当座借越契約を結んでいる。

(2) 決算に際し，当座預金の残高は貸方¥50,000であったため，当座借越勘定の貸方に振り替えた。

(3) 期首において，当座借越勘定の貸方残高¥50,000を当座預金勘定の貸方に振り替えた。

解　答

(1)	(借)	買　掛　金	150,000	(貸)	当　座　預　金	150,000
(2)	(借)	当　座　預　金	50,000	(貸)	当　座　借　越	50,000
(3)	(借)	当　座　借　越	50,000	(貸)	当　座　預　金	50,000

5　その他の預金

　当座預金の他にも，企業はさまざまな預金を利用することがあります。普通預金口座を開設している場合は**普通預金勘定**（資産）で処理をします。たとえば，現金¥200,000を普通預金口座に預け入れた場合は，以下のような仕訳になります。

　　　(借) 普　通　預　金　200,000　　　(貸) 現　　　　金　200,000

また，普通預金に利息が入金されたときは**受取利息勘定**（収益）で処理します。普通預金口座に利息¥5,000が入金されたときは以下のように処理します。

　　　(借) 普　通　預　金　5,000　　　(貸) 受　取　利　息　5,000

企業は複数の銀行口座を利用している場合がほとんどですので，普通預金勘

定および当座預金勘定のみでは複数の銀行口座を管理することができません。そこで，当座預金○○銀行や普通預金××銀行といった具体的な勘定科目を使用します。たとえば，A銀行に当座預金口座を開設し，現金¥100,000を預け入れた場合，以下のような仕訳になります。

　　（借）　当座預金A銀行　　100,000　　　（貸）　現　　　　　金　　100,000

　また，B銀行に普通預金口座を開設し，現金¥200,000を預け入れた場合，以下のような仕訳になります。

　　（借）　普通預金B銀行　　200,000　　　（貸）　現　　　　　金　　200,000

6　小口現金勘定と小口現金出納帳

　企業が当座預金口座を設け，取引先等への支払いを小切手の振出しによって行うならば，企業内に多額の現金を保管しておく必要はなく，現金の盗難などのリスクを回避できます。しかし，交通費や消耗品のように，日常の少額の支払いにも小切手を振り出すのはかえって煩雑です。

　そこで，日常の支払いに備えてあらかじめ少額の現金を用意しておきます。これを小口現金といい，現金勘定とは区別して，**小口現金勘定**（資産）を用いて処理します。小口現金の支給は，定額資金前渡法（インプレスト・システム）によることが多いようです。この方法は，あらかじめ一定額を支給された用度係（小口現金係）から，月末または週末に支払額の明細についての報告を受け，会計係が同額を補給する方法です。

例題8－6

　次の取引について，会計係が行う仕訳を示し，小口現金係が行う小口現金出納帳の記入を示しなさい。

　11月1日　11月分の小口現金として小切手¥20,000を振り出して用度係に渡した。

　　　30日　11月分の支払明細について用度係から次の報告を受け，ただちに同額を小切手で補給した。

　支払明細：11/3　タクシー代　¥2,500　　11/5　茶菓子代　¥2,200

11/10	切手代	¥4,600	11/14	文房具	¥3,000
11/18	文房具	¥1,200	11/25	切手代	¥3,000

解　答

11月1日	(借)	小 口 現 金	20,000	(貸)	当 座 預 金	20,000
30日	(借)	旅 費 交 通 費	2,500	(貸)	小 口 現 金	16,500
		消 耗 品 費	4,200			
		通 信 費	7,600			
		雑　　　　費	2,200			
	(借)	小 口 現 金	16,500	(貸)	当 座 預 金	16,500

小口現金出納帳

収入	X1年		摘　　要	支払	交通費	消耗品費	通信費	雑費
					内　　　　訳			
20,000	11	1	小切手受入れ					
		3	タクシー代	2,500	2,500			
		5	茶菓子代	2,200				2,200
		10	切手代	4,600			4,600	
		14	文房具	3,000		3,000		
		18	文房具	1,200		1,200		
		25	切手代	3,000			3,000	
			合　　計	16,500	2,500	4,200	7,600	2,200
16,500		30	小切手					
			次月繰越	20,000				
36,500				36,500				
20,000	12	1	前月繰越					

＊ゴシック体は朱書き。

練習問題●8

1 次の取引を仕訳し，現金出納帳に記入しなさい。なお，現金勘定の前月繰越高は¥120,000である。

6月3日 広島株式会社より商品¥80,000を仕入れ，代金のうち¥20,000は得意先から受け取った小切手で支払い，残額は現金で支払った。

8日 鹿児島株式会社から売掛代金として，送金小切手¥32,000を受け取った。

15日 熊本株式会社に商品を¥60,000で売り上げ，代金のうち¥35,000は同社振り出しの小切手で受け取り，残額は掛けとした。

25日 給料¥20,000を現金で支払った。

2 次の取引を仕訳しなさい。

(1) 現金の実際有高が帳簿残高より¥6,000過剰であることが判明した。

(2) 上記の現金過剰額¥6,000は，売掛金回収の記帳漏れであることが判明した。

(3) 現金の実際有高が帳簿残高より¥5,000不足していることが判明した。

(4) 上記の現金不足額のうち，¥3,500は，現金による商品仕入の記帳漏れであることが判明した。

(5) かねてより生じている現金不足額¥1,500については，原因不明のため，雑損として処理することにした。

3 次の取引を仕訳し，当座預金出納帳に記入しなさい。

12月1日 取引銀行と当座取引契約を結び，現金¥50,000を預け入れた。同時に，借越限度額を¥100,000とする当座借越契約を結んだ。

5日 商品¥30,000を仕入れ，代金は小切手を振り出して支払った。

12日 売掛金¥45,000を送金小切手で受け取り，ただちに当座預金に預け入れた。

20日 買掛金¥80,000を支払うために，小切手を振り出した。

31日 決算日になったので，当座預金勘定の残高を当座借越勘定に振り替えた。

4 次の取引を仕訳しなさい。ただし，銀行別に預金口座が特定できる勘定科目を使用すること。

(1)　A銀行に普通預金口座を開設し，現金￥300,000を預け入れた。

(2)　B銀行に当座預金口座を開設し，現金￥500,000を預け入れた。

(3)　A銀行の普通預金口座からB銀行の当座預金口座に￥150,000を振り替えた。その際，手数料￥300がA銀行の普通預金口座から引き落とされた。

5　次の取引を仕訳しなさい。

　6月1日　インプレスト・システムを採用し，小口現金として小切手￥40,000を振り出して用度係に渡した。

　　30日　用度係から6月中の支払いについて，次のような報告があったので，ただちに小切手を振り出し補給した。

　　　　旅費交通費￥25,000　　消耗品費￥8,000　　雑費￥2,800

Column 7【だれが帳簿をつけるのか】

　この章に出てきた小口現金に関連してですが，例題や練習問題を注意深くみると，「仕訳（帳に記入）をしなさい」と，「小口現金出納帳に記入しなさい」という2つの指示がされています。仕訳帳は総勘定元帳とともに主要簿です。だれがこれらの主要簿への記入をするかというと「会計係」です。会計係は，企業の規模などによって違いはありますが，お金や財の変動を組織全体的に把握し記録・計算をする役割を担います。これに対して，補助簿である小口現金出納帳は「用度係（小口現金係）」によって記帳されます。用度係は，少額の現金の支出を管理することがその役割です。つまり，組織全体ではなく，限られた自分の仕事の範囲だけに関係することがらについて簿記を行うわけです。

　このように，組織の階層や担当する業務によって，帳簿をつける人は異なってくるのです。この後の章でも出てきますが，商品仕入を担当する人は「仕入帳」を，仕入れた商品在庫の受け払いの業務を担当する人は「商品有高帳」を，販売された商品の債権管理を担当する人は「売掛金元帳」を，それに，備品や施設などの維持管理の業務を担う人は「固定資産台帳」を，などというように，補助簿は，会計係ではなく，それぞれの仕事が行われる現場で記帳されることが一般的です。簿記は，会計や経理の部門でだけ行われるのではなく，組織のあらゆる場所で実践されるのです。

（工藤栄一郎）

第9章

商品売買

1 商品売買取引と3分法

(1) 仕入時および売上時の記帳

　商品売買取引の実務において多くの場合，3分法とよばれている方法が用いられています。3分法とは，商品売買の処理を仕入勘定（費用），売上勘定（収益）および繰越商品勘定（資産）という3つの勘定科目を用いて処理する方法です。3分法では，商品を仕入れたときは，仕入原価を仕入勘定の借方に記入し，商品を売り渡したときは，商品の売価を売上勘定の貸方に記入します。

例題9－1

　次の取引を仕訳しなさい。
(1)　A商品￥2,000を掛けで仕入れた。
(2)　A商品を￥3,000で掛けで販売した。
(3)　B商品￥1,000を仕入れ，小切手を振り出して支払った。
(4)　B商品を￥1,200で販売し，代金は先方振出しの小切手で受け取った。

解　答

(1)	(借)	仕	入	2,000	(貸)	買 掛 金			2,000
(2)	(借)	売 掛 金		3,000	(貸)	売	上		3,000
(3)	(借)	仕	入	1,000	(貸)	当 座 預 金			1,000
(4)	(借)	現	金	1,200	(貸)	売	上		1,200

⑵　商品の棚卸しと売上原価

　3分法では，販売された商品を売上勘定で記入し，仕入れた商品を仕入勘定で記入するだけなので，簡単に記帳ができます。しかし，3分法では，商品を販売した際に利益を把握しませんし，仕入れた商品を仕入勘定で記入するだけなので売れ残った商品を把握することができません。さらに，仕入勘定には期末までに仕入れた商品の仕入原価が加算され続けるだけなので，期末に商品在庫が生じている場合には，費用である仕入の金額を修正する必要があります。

　なぜなら，最終的に費用として計上する金額は，販売した商品の原価（売上原価といいます）としなければならないからです。仕入れた商品は，いったん，すべて費用である仕入勘定で処理しますが，仕入れた商品のうち期末に売れ残っている商品は，期末時点において，仕入勘定から次期に繰り越す商品残高を表す繰越商品勘定（資産）に振り替えることになります。

　以下では，商品Ｚを用いて繰越商品勘定の使い方を説明します。たとえば，第1期に，商品Ｚを1個あたり￥1,000（原価）で4個を掛けで仕入れ，同期間に，1個あたり￥2,000（売価）で3個を掛け販売したとします。この取引を勘定で示すと以下のようになります。なお，仕入勘定は商品の仕入原価で，売上勘定は売価で記入される点に注意してください。

　これらの勘定から，売上￥6,000から仕入￥4,000を差し引くと￥2,000となりますが，利益は￥2,000と考えてよいのでしょうか。販売した商品Ｚの原価，つまり，売上原価は￥3,000（￥1,000×3個）なので，利益は￥3,000（売れた商品の売価￥6,000−売れた商品の原価￥3,000）にならなければおかしいです。上述したように，売上勘定から仕入勘定を差し引くだけでは正確な利益を計算する

ことができません。そこで，売上勘定から差し引く仕入勘定の金額を売上原価にするために，繰越商品勘定を使用します。

　具体的には，未販売の商品在庫を確認し（棚卸し），その原価（期末商品棚卸高）を特定し，期末商品棚卸高を仕入勘定から差し引き，繰越商品勘定に振り替えることで，仕入勘定が，販売した商品の原価，すなわち，売上原価を表すことになります。

　このことを念頭に入れ，先ほどの商品Zの例の続きを考えます。第1期の期末に売れ残った商品Zが1個あるので，その価格¥1,000を仕入勘定から控除し，繰越商品勘定に振り替えます。なお，振替とは，ある勘定科目の金額を他の勘定科目に移動させることです。

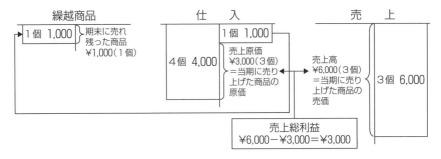

　繰越商品勘定は未販売分の次期に繰り越す商品原価を表し，仕入勘定から未販売分の原価を取り除くことができ，その結果として，仕入勘定が当期の商品の仕入高（¥4,000）ではなく，売上原価（¥3,000）を表すことになります。仕入勘定が売上原価を表すことにより，正しい利益¥3,000（売上勘定残高¥6,000－仕入勘定残高¥3,000）が計算できるようになりました。

〈期末に未販売の商品があるときの決算時の仕訳〉

　　（借）繰　越　商　品　　1,000　　　　（貸）仕　　　　　入　　1,000

　上の図でも示しましたが，売上高から売上原価を差し引いた利益を売上総利益といいます。

$$売上総利益 ＝ 売上高 － 売上原価$$

　一方，次期に繰り越した商品の原価は，次期において，（前期から繰り越され
てきた商品在庫を意味する）**期首商品棚卸高**となり，次期の売上原価の計算に加
えられます。期首に前期から繰り越されてきた繰越商品がある場合，その期首
から存在している商品は当期に売り上げられると仮定して処理を実施します。

　たとえば，第2期において商品Zを1個¥1,000で5個仕入れ，商品Zを1
個¥2,000で4個売り上げたとします。繰越商品勘定の借方には第1期（前期）
から繰り越されてきた商品Zが1個（¥1,000）記入されています。第2期では
1個¥1,000の期末商品が2個残ることになります。

　期首商品は当期に売り上げたと仮定するので，期首商品棚卸高は売上原価に
含まれます。一方で，期末商品は当期に売れなかった商品なので，期末商品棚
卸高は売上原価から除外されます。上述してきたことは以下の計算式で表すこ
とができます。

> 売上原価　＝　期首商品棚卸高　＋　仕入高　－　期末商品棚卸高

　つまり，第2期における売上原価は，¥1,000＋¥5,000－¥2,000＝¥4,000と
なります。第2期の売上原価（¥4,000）と売上高¥8,000（¥2,000×4個）から，
売上総利益は¥4,000（¥8,000－¥4,000）となります。

　この仕訳が実施された後の第2期の状況を示します。

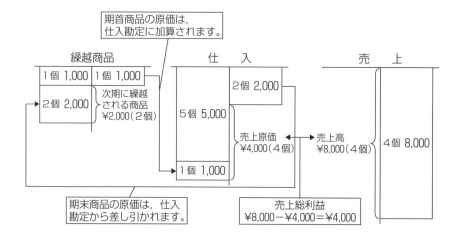

　ここで，第2期の決算時の仕訳を説明します。第1期の未販売分の商品原価（¥1,000）が計上されている繰越商品勘定残高は第2期に売れたと仮定するため，売上原価を表す仕入勘定に振り替えます。一方，第2期の未販売分の商品原価（¥2,000）は売上原価を表す仕入勘定から控除され，繰越商品勘定に振り替えられます。第2期の決算において実施される仕訳は以下の2組の仕訳になります。

〈期首と期末に未販売の商品があるときの決算時の仕訳〉

（借）仕　　　　　入	1,000	（貸）繰　越　商　品	1,000
繰　越　商　品	2,000	仕　　　　　入	2,000

　なお，決算時の仕訳が実施される前の仕入勘定は，商品の仕入額を表していたのですが，決算時の仕訳が実施された後の仕入勘定は，売上原価を表すという点がポイントになります。

例題9−2

次のX1年度の福岡商事の取引を仕訳しなさい。
(1) 商品¥100,000を仕入れ，代金は掛けとした。
(2) 商品¥150,000を売り上げ，代金は送金小切手で受け取った。
(3) 決算において，売上原価を算定する。期首商品棚卸高は¥20,000，期末商品棚卸高は¥40,000であった。なお，売上原価は仕入勘定で算定すること。

解　答

(1)	（借）仕　　　　　入	100,000	（貸）買　　掛　　金	100,000
(2)	（借）現　　　　　金	150,000	（貸）売　　　　　上	150,000
(3)	（借）仕　　　　　入	20,000	（貸）繰　越　商　品	20,000
	繰　越　商　品	40,000	仕　　　　　入	40,000

84

例題9−3

例題9−2にもとづいて，当期の売上原価と売上総利益を計算しなさい（なお，X1年度の福岡商事では，例題9−2にあげられている取引以外の商品売買取引は存在しない）。

解 答

売上原価　80,000

売上総利益　70,000

　※以下のそれぞれの式に数字をあてはめて売上原価および売上総利益を計算する。

期首商品棚卸高　＋　仕入高　−　期末商品棚卸高　＝　売上原価

　¥20,000　＋　¥100,000　−　¥40,000　＝　¥80,000

売上高　−　売上原価　＝　売上総利益

¥150,000　−　¥80,000　＝　¥70,000

　なお，売上原価を仕入勘定ではなく，売上原価勘定（費用）を用いて計算する方法もあります。売上原価勘定を用いる方法では，決算時に仕入勘定および繰越商品勘定を売上原価勘定に振り替え，期末に残った商品を売上原価勘定から控除し，繰越商品勘定に振り替えます。

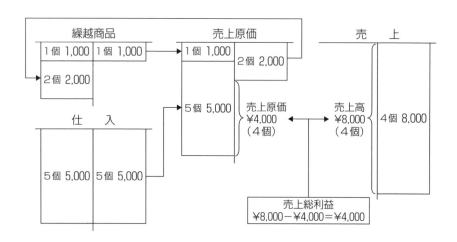

　先ほど説明した第2期の例について，売上原価勘定を用いる方法で決算時の処理をすると，以下のようになります。

〈売上原価勘定を用いた場合の決算時の仕訳〉

（借）	売 上 原 価	1,000	（貸）	繰 越 商 品	1,000
（借）	売 上 原 価	5,000	（貸）	仕　　　入	5,000
（借）	繰 越 商 品	2,000	（貸）	売 上 原 価	2,000

2　仕入諸掛

　商品を仕入れる際に，引取運賃，運送保険料または関税といった追加的な費用（仕入諸掛）が発生することがあります。仕入諸掛は，商品を仕入れるために必要な費用なので，仕入原価を構成します。そこで仕入諸掛は仕入勘定に含めて処理をします。その結果，仕入勘定には商品の購入代価と仕入諸掛の合計額が計上されることになります。

　他方，商品を販売する際に発生する運送会社に対する運賃などの費用を売り手が負担した場合は，売上勘定から控除せずに**発送費勘定**（費用）などで処理します。

　なお，仕入れた商品の保管に要する支出は**保管費**（費用）で処理します。具体的には，倉庫の利用料や商品在庫の管理手数料などが該当します。

例題9－4

　次の取引を仕訳しなさい。
(1)　商品¥20,000を仕入れ，代金は掛けとした。なお，引取運賃として¥3,000を現金で支払った。
(2)　商品¥40,000を売り渡し，代金は掛けとした。なお，発送費¥5,000（当社負担）は現金で支払った。
(3)　貸し倉庫の利用料として保管費¥10,000を現金で支払った。

解　答								
(1)	(借)	仕	入	23,000	(貸)	買　掛　金		20,000
						現	金	3,000
(2)	(借)	売　掛　金		40,000	(貸)	売	上	40,000
		発　送　費		5,000		現	金	5,000
(3)	(借)	保　管　費		10,000	(貸)	現	金	10,000

3　仕入戻しと売上戻り

　仕入れた商品の一部を返品することがあります。このことを仕入戻しといいます。仕入戻しがあった場合は、その額（仕入戻し高）を仕入勘定の貸方に記入します。なお、仕入戻し高を控除する前の仕入高を総仕入高といい、仕入戻しを控除した後の仕入高を純仕入高といいます。

　一方、売り上げた商品の一部が返品されることを売上戻りといいます。売上戻りがあった場合は、その額（売上戻り高）を売上勘定の借方に記入します。なお、売上戻りを控除する前の売上高を総売上高といい、売上戻りを控除した後の売上高を純売上高といいます。

　具体的にいえば、返品の際は、返品分の商品の仕入（または売上）を取り消すために逆仕訳を実施します。たとえば、¥10,000の商品を掛けで仕入れ、そのうち¥2,000の商品の返品をする場合は以下のような仕訳になります。

〈商品仕入時〉

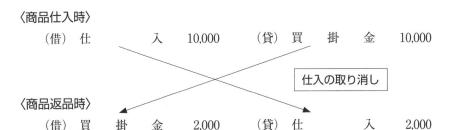

（借）仕　　　　　入　10,000　　　（貸）買　掛　金　10,000

仕入の取り消し

〈商品返品時〉

（借）買　掛　金　2,000　　　（貸）仕　　　　　入　2,000

例題9-5

次の取引を仕訳しなさい。

(1) 掛けで仕入れていた商品のうち¥13,000を品質不良のため返品した。

(2) 掛けで売り上げていた商品のうち¥10,000が品違いのため返品された。

・・

解　答

(1)（借）買　掛　金　13,000　　　（貸）仕　　　　　入　13,000

(2)（借）売　　　　　上　10,000　　　（貸）売　掛　金　10,000

4　仕入帳と売上帳

(1)　仕　入　帳

　仕入帳は商品の仕入に関する明細を記録する補助簿です。仕入勘定では把握できない仕入先，品名，数量および単価などを把握するために仕入帳は作成されます。

　仕入帳の記入は次のように行います。

① 商品を仕入れた際は，その日付，仕入先名，代金の支払い方法，品名，数量，単価，合計金額を記入します。

② 仕入戻し（返品）については朱記（赤ペンで記入）します。

③ 月末に締め切る際には，仕入戻し高の合計額を朱記（赤ペンで記入）し，総仕入高から仕入戻し高を差し引いて純仕入高を計算します。

88

例題9−6

10月7日　香川商店より机30台（1台あたり¥5,000）を仕入れ，代金は現金で支払った。なお，引取運賃¥3,000は現金で支払った。

　15日　岡山商店よりイス30脚（1脚あたり¥3,000）と棚10台（1台あたり¥2,000）を仕入れ，代金は掛けとした。

　17日　15日に岡山商店より仕入れたイス2脚を返品した。

解　答

仕　　入　　帳

X1年		摘　　要		内　訳	金　額
10	7	香川商店	現金		
		机　　30台　　@¥5,000		150,000	
		引取運賃　現金払い		3,000	153,000
	15	岡山商店	掛け		
		イス　30脚　　@¥3,000		90,000	
		棚　　10台　　@¥2,000		20,000	110,000
	17	岡山商店	掛戻し		
		イス　2脚　　@¥3,000			6,000
	31	総　仕　入　高			263,000
	〃	仕　入　戻　し　高			6,000
		純　仕　入　高			257,000

※ゴシック体は朱書き
※なお，商品1個あたりの単価を@という記号で表示します。

(2)　売　上　帳

　売上帳は商品の売上に関する明細を記録する補助簿です。売上勘定だけでは把握できない得意先，品名，数量および単価などを把握するために売上帳は作成されます。

　売上帳の記入は次のように行います。

①　商品を売り渡した際は，その日付，得意先名，代金の受取方法，品名，数量，単価，合計金額を記入します。

② 売上戻り（返品）については朱記（赤ペンで記入）します。

③ 月末に締め切る際には，売上戻り高の合計額を朱記（赤ペンで記入）し，総売上高から売上戻り高を差し引いて純売上高を計算します。

例題9−7

10月17日　愛媛商店へ机25台（1台あたり¥7,000）で売り上げ，代金は掛けとした。

26日　広島商店へイス16脚（1脚あたり¥5,000）と棚8台（1台あたり¥3,500）で売り上げ，代金は掛けとした。

29日　26日に広島商店へ売り上げたイス2脚が返品された。

解　答

売　　上　　帳

X1年		摘　　要		内　訳	金　額
10	17	愛媛商店	掛け		
		机　　25台　　@¥7,000			175,000
	26	広島商店	掛け		
		イス　16脚　　@¥5,000		80,000	
		棚　　 8台　　@¥3,500		28,000	108,000
	29	広島商店	掛戻り		
		イス　 2脚　　@¥5,000			10,000
	31	総　売　上　高			283,000
	〃	売　上　戻　り　高			10,000
		純　売　上　高			273,000

※ゴシック体は朱書き

5　商品有高帳

(1) 商品有高帳

商品の仕入と売上による増減および残高を記入する補助簿として**商品有高帳**

90

があります。商品有高帳に商品の受入および払出を記入することにより，商品の種類ごとの在庫の数量，金額，仕入原価および払出価額が明らかになります。

(2) 先入先出法と移動平均法

　同じ商品でも仕入時期や数量によって，仕入単価が異なることがあります。このような場合，いくらの商品を払い出したことにするのかを決める必要があります。払出金額を決める方法はいくつかありますが，ここでは先入先出法と移動平均法について学習します。

　① 先入先出法

　先入先出法は，先に受け入れた商品から先に払い出すと仮定して払出単価を決める方法です。なお，仕入単価が異なる商品を同時に払い出した場合，または仕入単価が異なる商品が残高として残っている場合は，複数行に分けて記入し，左波カッコ で くくります。

　② 移動平均法

　移動平均法は，単価が異なる商品を仕入れるたびに，数量および金額を前の残高に加え，新しい平均単価（移動平均単価といいます）を計算し，その平均単価をその後の商品売上の払出単価とする方法です。

　移動平均法による単価の計算は，次の式で行います。

$$移動平均単価 = \frac{直前の残高金額 + 新しい仕入金額}{直前の残高数量 + 新しい仕入数量}$$

例題9−8

　次の取引にもとづき，(1)先入先出法と(2)移動平均法によって商品有高帳を作成しなさい（帳簿の締切も行いなさい）。

　6月1日　A商品6個，@¥75が前月より繰り越された。
　　　7日　A商品4個を@¥85で仕入れた。
　　　15日　A商品7個を@¥105で販売した。
　　　20日　A商品5個を@¥87で仕入れた。
　　　25日　A商品5個を@¥110で販売した。

(1)　先入先出法

商 品 有 高 帳
A商品

X1年		摘　要	受　　入			払　　出			残　　高		
			数量	単価	金額	数量	単価	金額	数量	単価	金額
6	1	前月繰越	6	75	450				6	75	450
	7	仕　　入	4	85	340				6	75	450
									4	85	340
	15	売　　上				6	75	450			
						1	85	85	3	85	255
	20	仕　　入	5	87	435				3	85	255
									5	87	435
	25	売　　上				3	85	255			
						2	87	174	3	87	261
	30	次月繰越				3	87	261			
			15		1,225	15		1,225			
7	1	前月繰越	3	87	261				3	87	261

(2)　移動平均法

商 品 有 高 帳
A商品

X1年		摘　要	受　　入			払　　出			残　　高		
			数量	単価	金額	数量	単価	金額	数量	単価	金額
6	1	前月繰越	6	75	450				6	75	450
	7	仕　　入	4	85	340				10	79	790
	15	売　　上				7	79	553	3	79	237
	20	仕　　入	5	87	435				8	84	672
	25	売　　上				5	84	420	3	84	252
	30	次月繰越				3	84	252			
			15		1,225	15		1,225			
7	1	前月繰越	3	84	252				3	84	252

$$※6月7日の平均単価￥79 = \frac{￥450 + ￥340}{6個 + 4個}$$

$$※6月20日の平均単価￥84 = \frac{￥237 + ￥435}{3個 + 5個}$$

商品有高帳の金額はすべて原価で記入します。商品を売上げた際の単価は売価ですので，この金額を払出欄に記入しないように注意してください。なお，先入先出法で用いる左波カッコを忘れないようにしてください。

また，受入欄の数量および金額の合計と，払出欄の数量および金額の合計が一致しているか確かめて帳簿を締め切ってください。そして，次月に繰り越す数量，単価および金額を払出欄に赤字（試験では黒字）で記入し，それらの数字を７月１日に前月繰越として受入欄および残高欄に記入することを忘れないようにしましょう。

練習問題●9

1　次の取引を仕訳しなさい。

⑴　商品￥1,000を仕入れ，小切手を振り出して支払った。

⑵　商品200個（@￥4,000）を売り上げ，代金のうち￥250,000については小切手で受け取り，残額は掛けとした。

⑶　商品￥30,000を仕入れ，代金は掛けとした。なお，引取運賃として￥1,000を現金で支払った。

⑷　商品400個（@￥3,000）を仕入れ，代金のうち￥400,000については現金で支払い，残額は掛けとした。なお，引取運賃￥30,000を現金で支払った。

⑸　商品在庫の管理手数料として￥30,000を現金で支払った。

⑹　掛けで仕入れていた商品￥40,000を品質不良のため返品した。

⑺　掛けで仕入れていた商品￥15,000のうち￥5,000は品違いであったため返品した。

⑻　商品￥50,000を売り渡し，代金は掛けとした。なお，発送費￥3,000（当社負担）は現金で支払った。

⑼　得意先へ送料込み￥875,000で商品を販売し，代金は掛けとした。また，同時に配送業者へ商品を引き渡し，発送費用￥7,000を現金で支払った。

⑽　掛けで売り上げていた商品￥400,000が品質不良のため返品された。

⑾　掛けで売り上げていた商品￥700,000のうち￥70,000が品違いのため返品された。

⑿　決算において，売上原価を算定する。期首商品棚卸高は￥10,000，期末商品棚

卸高は¥40,000であった。なお，売上原価は仕入勘定で算定すること。

⒀　決算において，売上原価を算定する。期首商品棚卸高は¥32,000，期末商品棚卸高は¥24,000であった。なお，売上原価は仕入勘定で算定すること。

2　次の問いに答えなさい。

(1)　当社のX1年の業績は以下のとおりである。X1年の売上原価および売上総利益を計算しなさい。なお，決算整理はまだ実施されていない。

売上高　¥300,000　　仕入高　¥150,000

期首商品棚卸高　¥35,000　　期末商品棚卸高　¥20,000

(2)　当社のX4年の業績は以下のとおりである。X4年の売上原価および売上総利益を計算しなさい。なお，決算整理はまだ実施されていない。

売上高　¥700,000　　仕入高　¥370,000

期首商品棚卸高　¥80,000　　期末商品棚卸高　¥90,000

3　次の取引を仕入帳に記入して月末に締め切りなさい。

8月2日　静岡商店からA商品10個（@¥10）とB商品20個（@¥15）を仕入れ，代金は掛けとした。

15日　神奈川商店からB商品15個（@¥16）を仕入れ，代金は現金で支払った。

30日　2日に静岡商店から仕入れたA商品1個を返品し掛代金から差し引いた。

4　次の取引を売上帳に記入して月末に締め切りなさい。

5月8日　秋田商店にA商品20個（@¥18）とB商品10個（@¥30）を掛けで売り上げた。

17日　岩手商店にC商品10個（@¥50）を売り上げ，現金を受け取った。

24日　秋田商店に掛けで売り上げたB商品1個（@¥30）が返品された。

5　次の資料にもとづき，(1)先入先出法と(2)移動平均法によってA商品の商品有高帳を作成しなさい。なお，月末日で帳簿の締切も行うこと。

[資料]

		数量	単価	金額
11月1日	前月繰越	10個	￥100	￥1,000
8日	仕　　入	20個	130	2,600
13日	売　　上	15個	160	2,400
17日	仕　　入	30個	105	3,150
27日	売　　上	25個	180	4,500

6 次の資料にもとづき，(1)先入先出法と(2)移動平均法によって商品有高帳を作成しなさい。また，(2)先入先出法を採用した場合の12月中の売上高，売上原価および売上総利益を計算するとともに，(3)移動平均法を採用した場合の12月中の売上高，売上原価および売上総利益を計算しなさい。売上戻りがあった場合は，摘要欄に売上戻りと記述し，売上戻りの数値は受入欄に記入すること。なお，月末日で帳簿の締切りも行うこと。

前月繰越

　12月1日　前月繰越：B商品　30個　@￥1,200

仕入取引

　12月10日　東京商店：B商品　10個　@￥1,400

　12月19日　佐賀商店：B商品　45個　@￥1,600

売上取引

　12月16日　沖縄商店：B商品　35個　@￥2,000

　12月25日　長崎商店：B商品　30個　@￥2,300

売上戻り

　12月28日　25日に@￥2,300で売り上げていたB商品のうち2個返品された（なお，12月19日仕入れ分が返品されたものとする）。

■ Column 8【商品勘定による記帳】

　商品売買取引は企業にとって「主たる営業活動」です。「商品」ということばは「あきないもの」，つまり，販売することを目的としたものをいいます。したがって，商品売買取引は簿記にとって最も大切な記録・計算の対象となります。

　本章では，商品売買取引の記帳方法として，3分法について学びました。3分法は，勘定を3つに分けたことを意味しますが，分けられるもととなった勘定は「商品勘定」というものです。

　商品勘定では，商品を仕入れたときは，仕入れた金額つまり原価で借方に，販売したときは，売り上げた価格つまり売価で貸方に記入します。このように，ひとつの勘定において，借方には費用，貸方には収益，と異なる性格のものが同時に記入されるので，商品勘定のことを混合勘定ということがあります。

　商品勘定の借方に記入される仕入取引と，貸方に記入される売上取引について，それぞれ独立した勘定に分割したものが，仕入勘定（費用）と売上勘定（収益）になります。

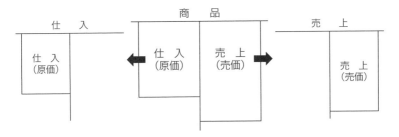

　3分法の3つめの勘定である繰越商品勘定ですが，仕入れた商品のうち，まだ販売されていない期末の商品有高を示すものです。つまり，商品勘定の借方には未販売の商品有高が含まれています。決算において，この部分を独立させたものが繰越商品勘定（資産）です。

96

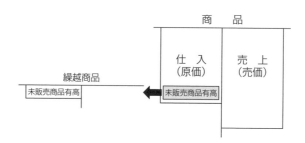

　商品勘定を用いて記帳する方法を「総記法」といいます。このやり方は主たる営業活動である商品売買取引については合理的です。なぜなら，商品売買による利益を計算する機能を持っているからです。

　商品販売の販売による利益（商品販売益）は，商品の売上高と販売された商品の原価額つまり売上原価を対比することで計算されます。商品勘定で売上原価を算定するには，借方に記入されている仕入額から，未販売の商品有高を控除することが必要になります。

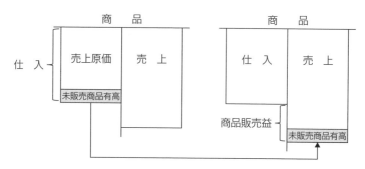

　その手続きですが，未販売の商品有高を，売上を記入してきた商品勘定の貸方側に加算することで，借方の仕入額から控除することと同じことになります。したがって，上の図右側の商品勘定にあるように，貸方側に未販売の商品有高を追加することで，借方と貸方の差額が商品販売から得られた利益を表します。

　以上が，3分法のもととなる総記法による商品売買取引の記帳法です。

　総記法以外に，商品を販売するごとに販売益を認識する分記法と呼ばれる記帳法もあります。多くの簿記の教科書では，学習の導入のところで，分記法を説明したものが多かったのですが，現実的ではなく，また，あまり実務においても使われていないなどの理由から本書でも説明を省いています。　　　　　　（工藤栄一郎）

第10章

売掛金と買掛金

1 売掛金と売掛金元帳

　企業が行う商品売買取引の代金決済方法の1つに掛けがあります。掛取引とは，代金を後日受け取る約束のもと商品を販売すること，また，代金を後日支払う約束のもと商品を仕入れることをいいます。これは，取引の当事者間に信用関係が構築されていることが前提となります。掛取引を利用することにより，企業は，日々繰り返し行う商品売買のつど現金決済を行う手間が省け，現金を手許で管理することによって起こりうる危険を回避することができます。

　掛取引において，商品を販売した側は，後日受け取る代金を売掛金勘定（資産）の借方に記帳します。売掛金とは，後日代金を受け取ることができる権利（債権）のことです。その後，売掛金を現金等で回収したときには売掛金勘定の貸方に記帳します。これは，代金を受け取る権利が消滅したことを意味します。

　掛けによる商品販売については，総勘定元帳の売掛金勘定に集約されるため，売掛金の総額を常に把握することができます。しかし，複数の得意先がいる場合，各々の得意先に対する売掛金残高はわからなくなってしまいます。そこで，各得意先の企業名等を勘定科目として設定し，得意先各々の勘定で売掛金の増減を把握する方法があります。このように設定された企業名等の勘定のことを人名勘定といいます。

　このように総勘定元帳に得意先それぞれの人名勘定を設ける方法では，売掛金勘定の代わりに人名勘定で簿記を行うことになります。

例題10－1

次の取引について，人名勘定を用いて仕訳しなさい。

(1) 株式会社広島商事に商品を¥70,000で売り上げ，代金は掛けとした。

(2) 株式会社長崎商事に商品を¥50,000で売り上げ，代金は掛けとした。

(3) 上記(1)の商品のうち¥10,000分が品違いのため返品された。

(4) 上記(2)の代金を現金で受け取った。

(5) 上記(1)の代金を同社振り出しの小切手で受け取った。

解　答

(1)	(借)	株式会社広島商事	70,000		(貸)	売　　　上	70,000
(2)	(借)	株式会社長崎商事	50,000		(貸)	売　　　上	50,000
(3)	(借)	売　　　上	10,000		(貸)	株式会社広島商事	10,000
(4)	(借)	現　　　金	50,000		(貸)	株式会社長崎商事	50,000
(5)	(借)	現　　　金	60,000		(貸)	株式会社広島商事	60,000

　一方で，得意先が多数の場合，総勘定元帳に人名勘定を設けると勘定科目数が膨大になり，かえって不便な帳簿記録となってしまいます。そこで，総勘定元帳とは別に**売掛金元帳（得意先元帳）**という補助簿を作成し，その中に人名勘定を設ける方法があります。この方法で「北海道商事へ商品¥1,000を掛けで売り上げた」という取引を処理すると，以下のように記帳されます。

《仕　訳　帳》

　　（借）売　　掛　　金　　1,000　　　　（貸）売　　　　　　上　　1,000

《総勘定元帳》	《売掛金元帳》
売掛金	北海道商事
1,000	1,000

　まず，期中の取引の処理と同様，仕訳帳へ仕訳を記入し，総勘定元帳の売掛金勘定の借方へ転記します。それと同時に，売掛金元帳の北海道商事勘定の借方へ記入します。総勘定元帳とは別に補助簿である売掛金元帳を作成することで，売掛金の総額は総勘定元帳で把握でき，各得意先の明細は売掛金元帳で明

らかになります。この方法では，売掛金元帳の各人名勘定の借方合計の総額および貸方合計の総額は，総勘定元帳の売掛金勘定の借方合計および貸方合計とそれぞれ一致します。

　このように補助簿の各勘定を集約した性質をもつ勘定のことを**統制勘定**といいます。

例題10－2

　10月の各取引を仕訳し，総勘定元帳に転記するとともに，売掛金元帳に記入しなさい。なお，売掛金元帳は10月31日付で締め切ること。

　10月1日　売掛金の前月繰越高は¥320,000（うち，株式会社佐賀商事¥120,000，株式会社大分商事¥200,000）である。

　　　7日　株式会社佐賀商事に商品¥150,000，株式会社大分商事に商品¥250,000をそれぞれ販売し，代金は掛けとした。

　　　9日　株式会社佐賀商事から商品¥20,000（10/7販売分）が品違いにより返品された。

　　　15日　株式会社大分商事への売掛金¥400,000が当座預金へ振り込まれた旨の通知を受けた。

　　　21日　株式会社佐賀商事への売掛金¥150,000を同社振り出しの小切手で受け取った。

解　答

	10月1日	仕訳なし					
	7日	（借）売　掛　金	400,000	（貸）売　　　上	400,000
	9日	（借）売　　　上	20,000	（貸）売　掛　金	20,000
	15日	（借）当 座 預 金	400,000	（貸）売　掛　金	400,000
	21日	（借）現　　　金	150,000	（貸）売　掛　金	150,000

総勘定元帳
売　　掛　　金

10/1	前　月　繰　越	320,000	10/9	売　　　　　上	20,000
7	売　　　　　上	400,000	15	当　座　預　金	400,000
			21	現　　　　　金	150,000

売掛金元帳
株式会社佐賀商事

X1年		摘　　　要	借　方	貸　方	借または貸	残　高
10	1	前 月 繰 越	120,000		借	120,000
	7	売　　　　上	150,000		〃	270,000
	9	返　　　　品		20,000	〃	250,000
	21	入　　　　金		150,000	〃	100,000
	31	次 月 繰 越		**100,000**		
			270,000	270,000		
11	1	前 月 繰 越	100,000		借	100,000

＊ゴシック体は朱書き（以下同じ）

株式会社大分商事

X1年		摘　　　要	借　方	貸　方	借または貸	残　高
10	1	前 月 繰 越	200,000		借	200,000
	7	売　　　　上	250,000		〃	450,000
	15	入　　　　金		400,000	〃	50,000
	31	次 月 繰 越		**50,000**		
			450,000	450,000		
11	1	前 月 繰 越	50,000		借	50,000

2　買掛金と買掛金元帳

　掛けで商品を仕入れた場合は，後日支払う代金を**買掛金勘定**（負債）の貸方に記帳します。買掛金とは，後日代金を支払わなければならない義務（債務）のことです。その後，買掛金を現金等で返済したときには買掛金勘定の借方に記帳します。これは，代金を支払わなければならない義務（債務）を履行したことを意味します。

　掛けによる仕入取引については，総勘定元帳の買掛金勘定に集約されるため，買掛金の総額を常に把握することができます。しかし，複数の仕入先がいる場合，各々の仕入先に対する買掛金残高はわからなくなってしまいます。そこで，

各仕入先の企業名等を勘定科目として設け，仕入先各々の勘定で買掛金の増減を把握する方法があります。

　このように総勘定元帳の中に仕入先それぞれの人名勘定を設ける方法では，統制勘定としての買掛金勘定の代わりに人名勘定で簿記を行うことになります。

例題10－3

次の取引について，人名勘定を用いて仕訳しなさい。
(1)　株式会社岡山商事から商品￥10,000を仕入れ，代金は掛けとした。
(2)　株式会社熊本商事から商品￥30,000を仕入れ，代金は掛けとした。
(3)　上記(2)の商品のうち￥2,000分を返品した。
(4)　上記(1)の代金を現金で支払った。
(5)　上記(2)の代金を小切手を振り出して支払った。

解　答

(1)	(借)	仕　　　　　入	10,000	(貸)	株式会社岡山商事	10,000
(2)	(借)	仕　　　　　入	30,000	(貸)	株式会社熊本商事	30,000
(3)	(借)	株式会社熊本商事	2,000	(貸)	仕　　　　　入	2,000
(4)	(借)	株式会社岡山商事	10,000	(貸)	現　　　　　金	10,000
(5)	(借)	株式会社熊本商事	28,000	(貸)	当　座　預　金	28,000

　一方で，得意先同様，仕入先が多数の場合，総勘定元帳に人名勘定を設けると勘定科目数が膨大になり，かえって不便な帳簿記録となってしまいます。そこで，総勘定元帳とは別に買掛金元帳（仕入先元帳）という補助簿を作成し，その中に人名勘定を設ける方法があります。この方法で「沖縄商事から商品￥1,000を掛けで仕入れた」という取引を処理すると以下のように記帳されます。

《仕　訳　帳》
　（借）　仕　　　　　入　　1,000　　（貸）　買　　掛　　金　　1,000

《総勘定元帳》	《買掛金元帳》
買掛金	沖縄商事
｜　　1,000	｜　　1,000

　まず，期中の取引の処理と同様，仕訳帳へ仕訳を記入し，総勘定元帳の買掛金勘定の貸方へ転記します。それと同時に，買掛金元帳の沖縄商事勘定の貸方へ記入します。総勘定元帳とは別に補助簿である買掛金元帳を作成することにより，買掛金の総額は総勘定元帳で把握でき，仕入先ごとの残高は買掛金元帳で明らかになります。この場合，買掛金元帳の各人名勘定の借方合計の総額および貸方合計の総額は，総勘定元帳の買掛金勘定の借方合計および貸方合計とそれぞれ一致します。この場合，買掛金勘定も売掛金勘定同様，統制勘定の役割を担っています。

例題10－4

　10月の各取引を仕訳し，総勘定元帳に転記するとともに，買掛金元帳に記入しなさい。なお，買掛金元帳は10月31日付で締め切ること。

10月1日　買掛金の前月繰越高は¥500,000（うち，株式会社京都商事¥380,000，株式会社兵庫商事¥120,000）である。

　　6日　株式会社京都商事から商品¥430,000，株式会社兵庫商事から商品¥250,000を仕入れ，代金はそれぞれ掛けとした。

　　9日　株式会社京都商事から仕入れた商品¥20,000（10/6仕入分）に汚損があったため返品した。

　　18日　株式会社兵庫商事から商品¥120,000を仕入れ，代金は掛けとした。

　　25日　株式会社京都商事への買掛金¥450,000，株式会社兵庫商事への買掛金¥300,000を小切手を振り出して支払った。

- -

解　答

10月1日	仕訳なし							
6日	（借）	仕　　　入	680,000	（貸）	買　掛　金	680,000
9日	（借）	買　掛　金	20,000	（貸）	仕　　　入	20,000
18日	（借）	仕　　　入	120,000	（貸）	買　掛　金	120,000
25日	（借）	買　掛　金	750,000	（貸）	当　座　預　金	750,000

総勘定元帳
買　掛　金

10/9 仕　　　　　入	20,000	10/1 前　月　繰　越	500,000
25 当 座 預 金	750,000	6 仕　　　　　入	680,000
		18 仕　　　　　入	120,000

買掛金元帳
株式会社京都商事

X1年		摘　　　要	借　　方	貸　　方	借または貸	残　　高
10	1	前 月 繰 越		380,000	貸	380,000
	6	仕　　　入		430,000	〃	810,000
	9	返　　　品	20,000		〃	790,000
	25	支　　　払	450,000		〃	340,000
	31	次 月 繰 越	340,000			
			810,000	810,000		
11	1	前 月 繰 越		340,000	貸	340,000

株式会社兵庫商事

X1年		摘　　　要	借　　方	貸　　方	借または貸	残　　高
10	1	前 月 繰 越		120,000	貸	120,000
	6	仕　　　入		250,000	〃	370,000
	18	仕　　　入		120,000	〃	490,000
	25	支　　　払	300,000		〃	190,000
	31	次 月 繰 越	190,000			
			490,000	490,000		
11	1	前 月 繰 越		190,000	貸	190,000

3　売掛金明細表と買掛金明細表

　売掛金および買掛金は，総勘定元帳の売掛金勘定および買掛金勘定へ転記されると同時に取引先ごとの明細を明らかにするために売掛金元帳および買掛金元帳に記帳されます。

　したがって，総勘定元帳の売掛金勘定および買掛金勘定へ転記された取引が，売掛金元帳・買掛金元帳の各人名勘定に正確に記帳されているかどうかを検証するため，得意先の売掛金残高が一覧表となっている**売掛金明細表**，仕入先の買掛金残高が一覧表となっている**買掛金明細表**を作成することがあります。これを作成することにより，総勘定元帳の売掛金残高（買掛金残高）と売掛金元帳（買掛金元帳）の各人名勘定の残高合計が一致しているかどうかを確かめることができます。さらに，明細表自体を得意先あるいは仕入先別の残高一覧表として利用することもできます。

例題10－5

　例題10－2と**例題10－4**にもとづいて売掛金明細表と買掛金明細表を作成しなさい。

解　答

<table>
<tr><td colspan="3" align="center">売掛金明細表</td><td colspan="3" align="center">買掛金明細表</td></tr>
<tr><td></td><td>10月 1 日</td><td>10月31日</td><td></td><td>10月 1 日</td><td>10月31日</td></tr>
<tr><td>株式会社佐賀商事</td><td>¥120,000</td><td>¥100,000</td><td>株式会社京都商事</td><td>¥380,000</td><td>¥340,000</td></tr>
<tr><td>株式会社大分商事</td><td>200,000</td><td>50,000</td><td>株式会社兵庫商事</td><td>120,000</td><td>190,000</td></tr>
<tr><td></td><td>¥320,000</td><td>¥150,000</td><td></td><td>¥500,000</td><td>¥530,000</td></tr>
</table>

4　クレジット売掛金

　商品を販売したとき，代金をクレジット・カードによる決済で受けることがあります。この場合，商品を販売した側は，後日，クレジット・カード会社から一定の手数料を差し引かれた金額を受け取ることになります。得意先に対する債権である売掛金と，クレジット・カード会社に対する債権とを区別して管理するため，**クレジット売掛金勘定**（資産）を設けて記帳します。また，クレジット・カード会社に対して支払う手数料は，**支払手数料勘定**（費用）で処理します。なお，購入者は，後日，銀行口座引き落とし等の方法によりクレジット・カード会社に対して代金を支払うことになります。

```
例題10−6
```

次の取引を仕訳しなさい。

(1) クレジット払いの条件で，商品¥50,000を販売した。なお，クレジット・カード会社への手数料は販売代金の４％であり，商品販売時に認識している。

(2) クレジット・カード会社から上記(1)の代金が当座預金に振り込まれた。

```
解　答
```

(1)	(借)	クレジット売掛金	48,000	(貸)	売　　　　上		50,000
		支 払 手 数 料	2,000				
(2)	(借)	当 座 預 金	48,000	(貸)	クレジット売掛金		48,000

5　前払金と前受金

　商品売買において，その契約を確実に行うために，商品の受け渡しに先立ち代金の一部（または全部）を手付金（内金）として支払うあるいは受け取ることがあります。

　この場合，代金の一部（または全部）を支払った側は，**前払金勘定**（資産）の借方に記帳します。これは，後日商品を受け取る権利を意味します。その後，商品を受け取ったときには，前払金勘定の貸方に記帳します。

　一方，代金の一部（または全部）を受け取った側は，**前受金勘定**（負債）の貸方に記帳します。これは，後日商品を引き渡す義務を意味します。その後，実際に商品を引き渡したときには，前受金勘定の借方に記帳します。

```
例題10−7
```

次の取引を仕訳しなさい。

(1) 株式会社福岡商事は株式会社愛知商事に商品¥800,000を発注し，手付金として現金¥80,000を支払った。

(2) 株式会社福岡商事は株式会社愛知商事から上記(1)の商品を仕入れ，手付金を差し引いた残額は掛けとした。

解　答

(1) （株式会社福岡商事の仕訳）

（借）前　払　金　80,000　　（貸）現　　　金　80,000

（株式会社愛知商事の仕訳）

（借）現　　　金　80,000　　（貸）前　受　金　80,000

(2) （株式会社福岡商事の仕訳）

（借）仕　　　入　800,000　　（貸）前　払　金　80,000
　　　　　　　　　　　　　　　　　　　買　掛　金　720,000

（株式会社愛知商事の仕訳）

（借）前　受　金　80,000　　（貸）売　　　上　800,000
　　　売　掛　金　720,000

6　証ひょうからの仕訳

　取引は，取引の事実を証明する書類である請求書や領収書にもとづいて帳簿に記録する必要があります。この書類は証ひょう（証憑）とよばれます。証ひょうには，商品の納品と同時に送付する書類である納品書，代金の支払いを依頼するための書類である請求書および代金の受取りを証明するための書類である領収書等があります。

　通常の場合，売掛金および買掛金の発生は，売主が買主に請求書を作成・交付することによって記録されます。一方，売掛金および買掛金の決済は領収書を作成・交付することによって記録されます。

　以下では，証ひょうからの仕訳を例題にそって説明することにします。

例題10－8

　次の証ひょうについて，株式会社福岡商事と株式会社長崎商店における仕訳を示しなさい。

　7月29日　株式会社福岡商事は，株式会社長崎商店に商品を売り上げ，下記の請求書を送付した。

```
　　　　　　　　　　　請　求　書
株式会社長崎商店　御中
　　　　　　　　　　　　　　　　　　株式会社福岡商事
　　　　　　　　　　　　　　　発行日　Ｘ１年７月29日
```

品　目	数量	単　価	金　額
商品Ａ	30	￥200	￥6,000
商品Ｂ	20	￥400	￥8,000
		合　計	￥14,000

```
※Ｘ１年８月31日までに合計額を下記口座にお振込みください。
　○○銀行本店　普通　×××××××　カ）フクオカショウジ
```

８月31日　長崎商店は，７月29日の請求書に従い，同社の当座預金口座から福
　　　　　岡商事の普通預金口座への振込みを完了し，福岡商事から下記の領
　　　　　収書を受け取った。

```
　　　　　　　　　　　領　収　書
株式会社長崎商店　御中
　　　　　　　　　　　　　　　発行日　Ｘ１年８月31日
下記の合計金額を領収いたしました。
```

品　目	数量	単　価	金　額
商品Ａ	30	￥200	￥6,000
商品Ｂ	20	￥400	￥8,000
		合　計	￥14,000

```
　　　　　　　　　　　　　　　株式会社福岡商事　㊞
```

解　答

〈福岡商事の仕訳〉
　７月29日　（借）売　掛　金　14,000　（貸）売　　　上　14,000
　８月31日　（借）普　通　預　金　14,000　（貸）売　掛　金　14,000
〈長崎商店の仕訳〉
　７月29日　（借）仕　　　入　14,000　（貸）買　掛　金　14,000
　８月31日　（借）買　掛　金　14,000　（貸）当　座　預　金　14,000

練習問題●10

1 次の取引を仕訳しなさい。

(1) 商品￥120,000を仕入れ，代金は掛けとした。なお，引取運賃￥2,000は現金で支払った。

(2) 商品￥80,000を販売し，代金は掛けとした。なお，当方負担の運賃￥1,500は現金で支払った。

(3) 上記(1)の代金を小切手を振り出して支払った。

(4) 上記(2)のうち商品￥10,000が品違いのため返品された。

(5) 上記(2)の代金を先方振り出しの小切手で受け取った。

2 4月の取引を仕訳し，総勘定元帳の売掛金勘定と買掛金勘定に転記するとともに，補助元帳の売掛金元帳と買掛金元帳に記入し，売掛金明細表と買掛金明細表を作成しなさい。

4月1日 売掛金の前月繰越高は￥180,000（うち，株式会社佐賀商事￥80,000，株式会社大分商事￥100,000），買掛金の前月繰越高は￥220,000（うち，株式会社京都商事￥100,000，株式会社兵庫商事￥120,000）である。

2日 株式会社京都商事から商品￥400,000を仕入れ，代金は掛けとした。

4日 株式会社佐賀商事へ商品￥380,000を販売し，代金は掛けとした。

5日 株式会社大分商事へ商品￥600,000を販売し，代金のうち￥200,000は現金で受け取り，残りは掛けとした。

7日 株式会社佐賀商事へ4月4日に販売した商品のうち，￥30,000が破損のため返品された。

9日 株式会社兵庫商事から商品￥700,000を仕入れ，代金は掛けとした。

11日 株式会社兵庫商事から仕入れた商品のうち￥100,000が品違いだったため返品した。

14日 株式会社佐賀商事への売掛金￥350,000を同社振り出しの小切手で受け取った。

16日 株式会社京都商事から商品￥800,000を仕入れ，代金は掛けとした。

19日 株式会社大分商事へ商品￥500,000を販売し，代金は掛けとした。

20日 株式会社大分商事への売掛金￥700,000が当座預金口座へ振り込まれた

旨の通知を受けた。

25日　株式会社京都商事への買掛金￥1,000,000，株式会社兵庫商事への買掛金
￥500,000をそれぞれ小切手を振り出して支払った。

3　次の取引を仕訳しなさい。

(1)　商品￥80,000を販売し，代金はクレジット・カードによる決済であった。なお，
クレジット・カード会社への手数料は販売代金の5％であり，商品販売時に認識
している。

(2)　クレジット・カード会社から上記(1)の代金が普通預金口座に振り込まれた。

(3)　商品￥100,000を発注し，手付金として現金￥15,000を支払った。

(4)　上記(3)の商品を仕入れ，手付金との差額は掛けとした。

(5)　商品￥80,000を売り上げ，代金のうち￥10,000は注文時に受け取っていた手付
金と相殺し，残額はクレジット・カードによる決済であった。なお，クレジッ
ト・カード会社への手数料は販売代金の5％であり，商品販売時に認識している。

4　次に示す(1)～(8)のそれぞれの内容について，最も関係性の強い証ひょうを下記の
選択肢から選び，①～⑫の番号で答えなさい。ただし，1つの選択肢は一度しか選
べない。

(1)　現金を支払った際に，「支払日，支払先，金額等」を記した書面を受け取った。

(2)　小切手を振り出した際に，手元の小切手帳に「振出日，相手先，小切手番号，
金額等」が記された半券を残した。

(3)　従業員に出張旅費を仮払いしていたため，出張から帰社した後に支払内容等が
記された書面が提出された。

(4)　商品を掛売上げしたため，後日得意先に対して「売上取引の明細，金額，支払
日等」を記した書面を送付した。

(5)　注文していた商品を受け取る際に，「仕入れた商品の内容，数量，単価等」が
記された書面を受け取った。

(6)　当社が当座預金口座を開設している銀行から，定期的に「口座の増減明細」が
送付される。

(7)　法人税等の国税を納付する際に書面を提出し，書面の控え（複写したもの）を
手元に残した。

110

(8) 現金を受け取った際，相手先に「受取日，当社の名称，金額等」を記した書面を渡したが，当社はその控えを保存した。

選択肢

① 領収書   ② 当座勘定照合表
③ 国税資金納付書(領収証書)   ④ 請求書控え
⑤ 注文書   ⑥ 小切手帳の控え
⑦ 出張旅費報告書   ⑧ 納品書   ⑨ 請求書
⑩ 預金通帳   ⑪ 領収書控え   ⑫ 受領証

5 次の証ひょうにもとづき，仕訳しなさい。

(1) 掛けで沖縄商店から仕入れていた商品代金の決済をするために，当社の普通預金口座から，沖縄商店の当座預金口座に振込を行い，下記の領収書を受け取った。

領 収 書

株式会社福岡商事　御中

発行日　X1年9月10日

下記の合計金額を領収いたしました。

品　　　目	数量	単　　価	金　　額
商品A	30	¥700	¥21,000
商品B	40	¥500	¥20,000
		合　　計	¥41,000

株式会社沖縄商店　㊞

(2) 販売目的の自動車を¥1,000,000で購入し，下記の請求書が送付されてきた。なお，当社は自動車販売業を営んでいる。

請 求 書

株式会社福岡商事　御中

株式会社鹿児島商店
発行日　X1年2月12日

品　　　目	数量	単　　価	金　　額
軽トラック	1	¥1,000,000	¥1,000,000
		合　　計	¥1,000,000

※X1年3月31日までに合計額を下記口座にお振込みください。
　〇〇銀行本店　普通　×××××××　カ）カゴシマショウテン

(3) 福岡商事は，取引銀行のインターネットバンキングサービスから，以下のような当座勘定照合表（入出金明細）を出力した。そこで，8/5，8/15，8/20の仕訳を答えなさい。当社にとって（株）鹿児島商店は仕入先，北海道商店（株）は得意先であり，商品売買取引はすべて掛けとしている。

X4年8月31日

当座勘定照合表

福岡商事株式会社　様

九州銀行西新支店

取引日	摘　要	お支払金額	お預り金額	取引残高
8/5	融資ご返済	800,000		400,000
8/5	融資ご返済お利息	4,000		396,000
8/15	お振込　北海道商店（株）		350,000	746,000
8/20	お振込　（株）鹿児島商店	250,000		496,000
8/20	お振込手数料	300		495,700

Column 9【掛取引と信用】

　この章では，商品売買取引をした際に，代金の受け払いを後日行う掛け取引について学びました。その前提として，「信用関係」が構築されていることが必要だと説明しています。ビジネスにおける信用というのはなんでしょうか。企業が主たる営業手段である商品の売買をする場合，たいていは長い関係のある特定の相手と取引をします。

　両者のあいだに長い取引関係が維持されているのは，代金についてこれまで問題なく決済されてきたことがあると考えられます。つまり，掛けによる商品売買取引の背後にある信用関係というのは「きちんと代金を支払う」という事実にもとづいて成り立っていることを意味するものなのです。　　　　　（工藤栄一郎）

第11章

その他の債権・債務

1　貸付金と借入金

　借用証書などにより金銭を貸借したときに生じる債権は**貸付金勘定**（資産）で処理し，債務は**借入金勘定**（負債）で処理します。

　また，金銭の貸借に伴って発生する利息は，**受取利息勘定**（収益）の貸方，**支払利息勘定**（費用）の借方に記入します。

　なお，役員に対する貸付金・借入金は，通常の貸付金・借入金と区別するため，**役員貸付金勘定**（資産）・**役員借入金勘定**（負債）で処理します。

例題11－1

次の取引を仕訳しなさい。
(1)　得意先に借用証書により現金￥300,000を貸し付けた。
(2)　上記の貸付金を利息￥4,000とともに現金で返済を受けた。
(3)　役員に対して，現金￥100,000を貸し付けた。

解　答

(1)　〈当　社〉

| （借）貸　付　金 | 300,000 | （貸）現　　　　金 | 300,000 |

〈得意先〉

| （借）現　　　　金 | 300,000 | （貸）借　入　金 | 300,000 |

(2)　〈当　社〉

| （借）現　　　　金 | 304,000 | （貸）貸　付　金 | 300,000 |
| | | 受　取　利　息 | 4,000 |

114

〈得意先〉
```
    (借) 借  入  金  300,000    (貸) 現      金  304,000
        支 払 利 息    4,000
(3) (借) 役 員 貸 付 金  100,000    (貸) 現      金  100,000
```

2　未収入金と未払金

　営業活動の主目的である商品売買取引によって生じた債権は売掛金勘定で処理し，債務は買掛金勘定で処理しますが，主たる営業手段である商品以外の建物，備品，有価証券などを売買することによって生じた債権は**未収入金勘定**（資産）で処理し，債務は**未払金勘定**（負債）で処理します。

例題11−2

次の取引を仕訳しなさい。
(1) 帳簿価額¥5,000の備品を¥5,000で売却し，代金は後日受け取ることにした。
(2) 備品¥8,000を購入し，代金は後日支払うことにした。

解　答
```
(1) (借) 未 収 入 金  5,000    (貸) 備      品  5,000
(2) (借) 備      品  8,000    (貸) 未  払  金  8,000
```

3　立替金と預り金

　取引先や従業員などに一時的に金銭の立替えをしたときは，**立替金勘定**（資産）で処理し，一時的に金銭を預かったときは，**預り金勘定**（負債）で処理します。なお，従業員に対するものは，取引先に対するものと区別するために，**従業員立替金勘定**（資産）や**従業員預り金勘定**（負債）で処理します。また，従業員の給料に対して課税される所得税および住民税や従業員が負担すべき健

康保険料や厚生年金保険料および雇用保険料（これらを「社会保険料」といいます）については，**所得税預り金勘定**（負債）や**社会保険料預り金勘定**（負債）で処理します。なお，企業は従業員の健康保険料や厚生年金保険料などを約半額負担しています。この企業負担分の保険料は**法定福利費勘定**（費用）で処理します。

例題11－3

次の取引を仕訳しなさい。
(1) 従業員に給料の前貸しとして現金¥10,000を渡した。
(2) 給料¥100,000を支払うにあたり，上記の立替金，所得税の源泉徴収額¥20,000および従業員負担の社会保険料¥12,000を差し引き，現金で支払った。
(3) 所得税の源泉徴収額¥20,000を税務署に現金で納付した。
(4) 社会保険料について，上記の従業員負担分と企業負担分¥12,000を現金で支払った。

解答

(1)	(借)	従業員立替金	10,000	(貸)	現　金		10,000
(2)	(借)	給　料	100,000	(貸)	従業員立替金		10,000
					所得税預り金		20,000
					社会保険料預り金		12,000
					現　金		58,000
(3)	(借)	所得税預り金	20,000	(貸)	現　金		20,000
(4)	(借)	社会保険料預り金	12,000	(貸)	現　金		24,000
		法定福利費	12,000				

4　仮払金と仮受金

　現金の受入れや支払いはあったものの，それを処理する勘定科目あるいは金額が確定していない場合には，一時的に，入金は**仮受金勘定**（負債）で処理し，出金は**仮払金勘定**（資産）で処理します。後日，勘定科目や金額が確定したと

きに，該当する勘定科目へ振り替えます。

　また，旅費交通費や消耗品費などをICカードによって支払った場合にも仮払金勘定を用いて処理します。たとえば，ICカードに旅費交通費の概算額を入金（チャージ）した場合には，仮払金勘定で処理し，実際にICカードによって支払った場合に，仮払金勘定から旅費交通費勘定に振り替えます。

例題11−4

次の一連の取引を仕訳しなさい。
(1) 社員の出張にあたり，旅費の概算額￥10,000を現金で支払った。
(2) 出張中の社員から現金￥3,000の送金があったが，その内容は不明である。
(3) 社員が出張から帰り，上記の送金額は売掛金の回収であることが判明した。
(4) 旅費を精算して，残金￥1,000を現金で受け取った。

解　答

(1)	(借)	仮　払　金	10,000	(貸)	現　　　金	10,000
(2)	(借)	現　　　金	3,000	(貸)	仮　受　金	3,000
(3)	(借)	仮　受　金	3,000	(貸)	売　掛　金	3,000
(4)	(借)	旅 費 交 通 費	9,000	(貸)	仮　払　金	10,000
		現　　　金	1,000			

例題11−5

次の一連の取引を仕訳しなさい。
(1) 事業用のICカードに現金￥5,000を入金した。
(2) 従業員が(1)のICカードで電車賃￥1,000を支払った。
(3) 従業員が(1)のICカードで消耗品費（文具）￥2,000を支払った。

解　答

(1)	(借)	仮　払　金	5,000	(貸)	現　　　金	5,000
(2)	(借)	旅 費 交 通 費	1,000	(貸)	仮　払　金	1,000
(3)	(借)	消 耗 品 費	2,000	(貸)	仮　払　金	2,000

5　受取商品券

　商品を売り上げ，その代金として他社などが発行した商品券を受け取った場合は，債権である**受取商品券勘定**（資産）で処理します。後日，決済を行ったとき，受取商品券勘定の貸方にその金額を記入します。

例題11-6

次の取引を仕訳しなさい。
(1) 商品¥3,000を販売し，代金のうち¥2,000は他社発行の商品券を，残額は現金を受け取った。
(2) (1)の商品券¥2,000の決済を請求し，同額が普通預金口座に振り込まれた。

解　答

(1)	(借)	受 取 商 品 券	2,000	(貸)	売　　　　　上	3,000	
		現　　　　金	1,000				
(2)	(借)	普 通 預 金	2,000	(貸)	受 取 商 品 券	2,000	

6　差入保証金

　土地や建物などの賃借にあたり，敷金などの名目で保証金を差し入れた場合は，**差入保証金勘定**（資産）で処理します。保証金は，原状回復にかかった費用を補てんするなどのために使用され，残りについては返還されます。

例題11-7

次の取引を仕訳しなさい。
(1) 事務所用の建物賃借にあたり，敷金¥200,000を現金で支払った。
(2) 建物賃借の契約を解除し，契約時に支払った敷金のうち，修繕費¥50,000を差し引いた残額が普通預金口座に振り込まれた。

118

```
┌ 解  答 ┐
└      ┘
 (1) （借） 差 入 保 証 金   200,000    （貸） 現        金   200,000
 (2) （借） 普 通 預 金     150,000    （貸） 差 入 保 証 金   200,000
        修  繕  費       50,000
```

練習問題●11

次の取引を仕訳しなさい。

(1) 借用証書によって現金￥300,000を貸し付けた。

(2) 上記の貸付金を利息￥2,000とともに先方振り出しの小切手で受け取った。

(3) 現金￥150,000を借用証書によって借り入れ，利息￥1,000を差し引かれた金額を先方振出しの小切手で受け取った。

(4) 上記の借入金￥150,000を現金で返済した。

(5) 帳簿価額￥3,500の備品を￥3,500で売却し，代金は後日受け取ることにした。

(6) 事務用のキャビネットを購入し，代金￥35,000は月末に支払うことにした。

(7) 本月分の従業員の給料￥200,000の支払いに際し，源泉所得税￥12,000，健康保険料の預り金￥5,000，従業員に立替払いしていた￥6,000を差し引き，現金で支払った。

(8) 上記の源泉所得税￥12,000，健康保険料￥5,000および企業負担分の健康保険料￥5,000をあわせて小切手で支払った。

(9) 社員の出張に際し，旅費概算額として現金￥80,000を渡した。

(10) 上記の社員によって出張先から当社の当座預金口座に￥200,000の振込みがあったが，その内容は不明である。

(11) 上記の社員が帰社し，送金した￥200,000は売掛代金の回収であることが判明した。

(12) 上記の社員が旅費を精算し，残金￥12,000を現金で受け取った。

(13) 事業用のICカードへ￥5,000を入金した。

(14) 事業用のICカードで消耗品費￥3,000を支払った。

⒂　商品￥100,000を販売し，代金のうち￥50,000については他社が発行した商品券で受け取り，残額はクレジット払いとした。なお，クレジット・カード会社への手数料としてクレジット決済額の2％を計上した。

⒃　商品￥50,000を売り上げ，代金のうち￥30,000は自治体発行の商品券で受け取り，残額は現金で受け取った。

⒄　保有する他社発行の商品券￥20,000を精算し，現金で受け取った。

⒅　事務所用の建物賃借にあたり，敷金￥300,000を現金で支払った。

第12章

受取手形と支払手形

1 手形の種類

　商品の売買取引を行った場合，代金の決済手段として，現金や小切手のほかに，手形が用いられます。手形には，約束手形と為替手形があります。ただ，一般的には約束手形が用いられているため，本章では約束手形を説明することにし，為替手形については取り上げません。

　手形の種類にかかわらず，通常の営業取引によって発生した手形債権は**受取手形勘定（資産）**で処理し，手形債務は**支払手形勘定（負債）**で処理します。

2 約束手形

　約束手形とは，手形の振出人（支払人）が名宛人（受取人）に対して，一定の期日に一定の金額を支払うことを約束した証券です。約束手形の振出人は，手形を振り出すことによって手形債務者となり，名宛人はこれを受け取ることによって手形債権者となります。

No.	約 束 手 形	
収 入 印 紙	広島株式会社　殿	支払い期日　Ｘ1年11月30日 支払地　　　福岡市 支払場所 　　　　　　　　○○銀行○○支店

（金　額）　　¥1,000,000※

Ｘ1年10月1日

振出地
住　所　太宰府市天満宮前１－１－10

振出人　株式会社　福岡商事

例題12－1

次の取引を仕訳しなさい。

5月1日　得意先に商品¥200,000を売り上げ，代金は同社振り出し，当社宛の約束手形で受け取った。

6月30日　上記約束手形が期日となり，本日当座預金口座に振り込まれた旨，取引銀行から通知を受けた。

解　答

5月1日　〈当　社〉

（借）受　取　手　形　200,000　（貸）売　　　　　　上　200,000

〈得意先〉

（借）仕　　　　　入　200,000　（貸）支　払　手　形　200,000

6月30日　〈当　社〉

（借）当　座　預　金　200,000　（貸）受　取　手　形　200,000

〈得意先〉

（借）支　払　手　形　200,000　（貸）当　座　預　金　200,000

3　受取手形記入帳と支払手形記入帳

　手形債権と手形債務の発生・消滅についての明細を記録するための補助簿として，受取手形記入帳と支払手形記入帳が用いられます。

例題12-2

　次の取引を仕訳し，受取手形記入帳および支払手形記入帳に記入しなさい。

3月5日　鹿児島株式会社に対する売掛金¥220,000を同社振出しの約束手形（#27，振出日3月5日，支払日4月10日，支払場所：南北銀行）で受け取った。

　　7日　広島株式会社から商品¥300,000を仕入れ，代金は約束手形（#8，振出日3月7日，支払日5月10日，支払場所：南北銀行）を振り出して支払った。

　　25日　沖縄株式会社に対する買掛金¥450,000を支払うため，約束手形（#47，振出日3月25日，支払日4月25日，支払場所：北東銀行）を振り出して同社に渡した。

4月10日　取引銀行から，鹿児島株式会社振出しの約束手形（#27）¥220,000が決済され，当座預金に入金された旨通知があった。

　　18日　熊本株式会社に商品¥200,000を売り上げ，代金は同社振出しの約束手形（#30，振出日4月18日，支払日4月30日，支払場所：中央銀行）で受け取った。

　　25日　沖縄株式会社宛ての約束手形（#47）¥450,000が満期となり，当座預金口座から引き落とされた。

　　30日　取引銀行から，熊本株式会社振出しの約束手形（#30）¥200,000が決済され，当座預金に入金された旨通知があった。

解　答

3月5日	(借)	受　取　手　形	220,000	(貸)	売　　掛　　金	220,000
7日	(借)	仕　　　　　入	300,000	(貸)	支　払　手　形	300,000
25日	(借)	買　　掛　　金	450,000	(貸)	支　払　手　形	450,000
4月10日	(借)	当　座　預　金	220,000	(貸)	受　取　手　形	220,000
18日	(借)	受　取　手　形	200,000	(貸)	売　　　　　上	200,000

| | | 25日 | （借） | 支 払 手 形 | 450,000 | （貸） | 当 座 預 金 | 450,000 |

25日 （借） 支 払 手 形 450,000 （貸） 当 座 預 金 450,000
30日 （借） 当 座 預 金 200,000 （貸） 受 取 手 形 200,000

受取手形記入帳

X1年		手形種類	手形番号	摘要	支払人	振出人または裏書人	振出日		満期日		支払場所	手形金額	てん末		
							月	日	月	日			月	日	摘要
3	5	約手	27	売掛金	鹿児島株式会社	鹿児島株式会社	3	5	4	10	南北銀行	220,000	4	10	入金
4	18	約手	30	売 上	熊本株式会社	熊本株式会社	4	18	4	30	中央銀行	200,000	4	30	入金

支払手形記入帳

X1年		手形種類	手形番号	摘要	受取人	振出人	振出日		満期日		支払場所	手形金額	てん末		
							月	日	月	日			月	日	摘要
3	7	約手	8	仕 入	広島株式会社	当店	3	7	5	10	南北銀行	300,000			
3	25	約手	47	買掛金	沖縄株式会社	当店	3	25	4	25	北東銀行	450,000	4	25	支払

4 手形貸付金と手形借入金

借用証書の代わりに手形を振り出して金銭の貸借を行うことがあります。手形によって貸付けを行った場合は，通常の営業取引で生じる手形と区別して，**手形貸付金勘定（資産）**で処理し，手形によって借入れを行った場合は，**手形借入金勘定（負債）**で処理します。

例題12－3

次の取引について，それぞれの仕訳を示しなさい。
(1) 現金¥500,000を借り入れ，同額の約束手形を振り出した。
(2) 上記借入金の返済期日が到来し，当座預金口座から，利息¥15,000とともに引き落とされ，借入先の当座預金口座に振り込まれた。

解 答

(1) 〈当 社〉

（借）現 金 500,000 （貸）手 形 借 入 金 500,000

〈借入先〉

（借）手 形 貸 付 金 500,000 （貸）現 金 500,000

(2)　〈当　社〉
　　（借）　手 形 借 入 金　500,000　　（貸）　当 座 預 金　515,000
　　　　　支 払 利 息　 15,000
　　〈借入先〉
　　（借）　当 座 預 金　515,000　　（貸）　手 形 貸 付 金　500,000
　　　　　　　　　　　　　　　　　　　　　受 取 利 息　 15,000

5　電子記録債権と電子記録債務

　手形に代わる決済手段として急速に普及しているのが電子記録債権です。電子記録債権を用いることによって，印紙税の負担を回避できること，紛失・盗難のリスクがないこと，期日が到来すれば自動決済されることなどのメリットがあります。

　電子記録債権は，債権者または債務者が取引銀行を通じて電子債権記録機関に登録します。電子記録債権が登録されると，取引相手に通知され，その後，支払期日が到来すると銀行口座を通じて自動的に決済されます。

例題12－4

次の取引について，それぞれの仕訳を示しなさい。
(1)　得意先に商品¥33,000を販売し，代金は掛けとした。
(2)　得意先に対する売掛金¥33,000について，電子債権記録機関に対して電子記録債権の発生記録の請求を行った。得意先は，電子債権記録機関から，電子記録債務の発生記録の通知を受け，これを承諾した。
(3)　電子記録債権の支払期日が到来し，当社の当座預金口座と得意先の普通預金口座を通じて決済された。

解　答

(1)　〈当　社〉
　　（借）　売 掛 金　33,000　　（貸）　売 上　33,000
　　〈得意先〉

（借）仕　　　　入	33,000		（貸）買　掛　金	33,000

(2) 〈当　社〉

（借）電子記録債権　33,000　　　（貸）売　掛　金　33,000

〈得意先〉

（借）買　掛　金　33,000　　　（貸）電子記録債務　33,000

(3) 〈当　社〉

（借）当 座 預 金　33,000　　　（貸）電子記録債権　33,000

〈得意先〉

（借）電子記録債務　33,000　　　（貸）普 通 預 金　33,000

練習問題●12

1　次の取引を仕訳しなさい。

(1)　商品￥50,000を仕入れ，代金は約束手形を振り出して支払った。

(2)　取立てを依頼しておいた約束手形￥50,000が当座預金に入金された旨，取引銀行から通知を受けた。

2　次の取引を仕訳し，受取手形記入帳に記入しなさい。

10月5日　鹿児島株式会社に商品￥600,000を売り上げ，同社振出しの約束手形（＃12，振出日10月5日，支払期日10月31日，支払場所；東西銀行）を受け取った。

　　15日　熊本株式会社に商品￥100,000を売り上げ，代金の回収として約束手形（＃20，振出日10月15日，支払期日11月15日，支払場所；南北銀行）を受け取った。

　　31日　5日に受け取った約束手形＃12が期日となり，手形代金が当座預金に入金された旨，取引銀行から通知があった。

3　次の取引を仕訳し，支払手形記入帳に記入しなさい。

11月3日　沖縄株式会社より商品￥250,000を仕入れ，代金のうち￥200,000は約束手形（＃23，振出日11月3日，支払期日11月30日，支払場所；南北銀

行）を振り出して支払い，残額は掛けとした。

20日 広島株式会社に対する買掛金を支払うため，約束手形￥150,000（＃11，振出日11月20日，支払期日12月20日，支払場所；南北銀行）を振り出して同社に渡した。

30日 南北銀行より約束手形＃23が満期日となり，当座預金口座により決済された旨通知があった。

4 次の取引を仕訳しなさい。

(1) 現金￥1,200,000を貸し付け，同額の約束手形を受け取った。なお，貸付金は利息を差し引き，小切手を振り出して支払った。貸付期間は半年間で，年利5％である。

(2) 取引銀行から￥3,000,000を約束手形を振り出して借り入れ，利息を差し引かれた手取金を当座預金に預け入れた。借入期間は146日，年利6％である。なお，利息については1年を365日として日割計算をする。

5 次の取引について，当社と得意先のそれぞれの仕訳を示しなさい。

(1) 得意先に対する売掛金￥120,000について，電子債権記録機関に対して電子記録債権の発生記録の請求を行った。得意先は，電子債権記録機関から，電子記録債務の発生記録の通知を受け，これを承諾した。

(2) (1)の電子記録債権の支払期日が到来し，両社の普通預金口座を通じて決済された。

┌ Column 10 【「手形」ということば】

英語では，手形のことを，支払いを意味するbillなどといいます。日本語の「手形」ということばはよく考えると経済的なイメージとは結びつきにくいですね。なぜ手形というのでしょうか。手形とは，相撲の力士の大きな手のひらが朱色に押された色紙にみるように，文字どおり，手のひらに墨や朱を塗って紙などに押したものというのが本来の意味です。

しかし，日本の古い時代には，重要なことがらを記した文書などに，手のかたちを押捺する（「手印（ていん）」）ことが行われていたそうです。重要なことが

128

らとは，商売上の契約はもちろんですが，何かをだれかに誓うといった宣誓行為なども含まれます。つまり，手印は，その文書内容に対する押捺者の意思や責任を表現したものだと思われます。このようなことから，金銭に関する債権債務の証書に対して「手形」という言葉が使われるようになったと考えられます。

（工藤栄一郎）

第13章

貸 倒 れ

1 貸倒れと貸倒損失

　得意先の倒産などによる原因で，売掛金，受取手形，電子記録債権などが回収できなくなることがあります。これを**貸倒れ**といいます。たとえば，売掛金の貸倒れが発生したときは，債権である売掛金が消滅するので資産の減少とともに，**貸倒損失勘定**（費用）を用いて，次のような仕訳をします。

　　（借）貸 倒 損 失　×××　　　（貸）売 掛 金　×××

例題13−1
　得意先が倒産したため，同店に対する売掛金¥10,000が回収不能となった。
- - -
解 答

　　（借）貸 倒 損 失　10,000　　（貸）売 掛 金　10,000

---

2 貸倒れの見積りと貸倒引当金の設定

(1) 貸倒れの見積り

　決算日における売掛金などの債権には，次期に貸倒れになるリスクがあるので，売掛金勘定などの残高は回収可能額を正しく示していない可能性があります。したがって，売掛金を減額する処理が必要になることがあります。

　しかし，決算日の時点では売掛金はまだ貸し倒れていないので，売掛金勘定を直接減額することはできません。そこで，決算時において，過去に貸倒れが発生した割合を示す貸倒実績率などにもとづいて，貸倒れの予想額を合理的に見積もり，その額を**貸倒引当金**として計上します。貸倒引当金は売掛金などの債権に対する間接的な控除項目（評価勘定といいます）の役割を果たします。

　たとえば，決算日に売掛金勘定残高が￥100,000あり，その貸倒実績率が２％だった場合，その貸倒れ予想額（貸倒引当金）は￥2,000（￥100,000×２％）となり，売掛金の回収可能額は￥98,000となります。以下にこの例の関係図を示します。

　決算時に貸倒引当金を設定するのは，次期以降に生じるおそれのある貸倒れの原因がすでに当期に発生していると考えるからです。そこで，将来発生する貸倒れの損失を当期の費用として認識するために**貸倒引当金繰入勘定（費用）**の借方に示すと同時に，貸倒引当金勘定の貸方に計上します。

例題13－2

　決算に際して，売掛金残高￥50,000に対して，過去の貸倒実積率にもとづき，２％の貸倒れを見積もった。

　　解　答

　　　（借）　貸倒引当金繰入　　1,000　　　（貸）　貸 倒 引 当 金　　1,000

　そして，次期以降において実際に貸倒れが発生した場合は貸倒引当金を取り崩すとともに売掛金などを減額する処理をします。

例題13－3

得意先が倒産したため，同店に対する過年度の売掛金¥1,000が回収不能となった。ただし，貸倒引当金勘定残高が¥1,500ある。

解 答

(借) 貸 倒 引 当 金　 1,000　　 (貸) 売　 掛　 金　 1,000

ただし，貸し倒れた金額が貸倒引当金残高を超える場合，その超えた額は貸倒損失として処理することとなります。

例題13－4

得意先が倒産したため，同店に対する過年度の売掛金¥20,000が回収不能となった。ただし，貸倒引当金勘定残高が¥5,000ある。

解 答

(借) 貸 倒 引 当 金　 5,000　　 (貸) 売　 掛　 金　 20,000
　　 貸 倒 損 失　 15,000

---

(2) 差額補充法

決算時に貸倒引当金を設定する際，貸倒引当金勘定に残額がある場合，貸倒見積額から貸倒引当金勘定の残額との差額を計上します。この方法を**差額補充法**といいます。

例題13－5

決算に際して，売掛金残高¥50,000に対して，過去の貸倒実績率にもとづき，3％の貸倒れを見積もった。ただし，貸倒引当金勘定残高が¥500ある。

解 答

(借) 貸倒引当金繰入　 1,000　　 (貸) 貸 倒 引 当 金　 1,000

例題13－5の状況を図で示すと，以下のようになります。

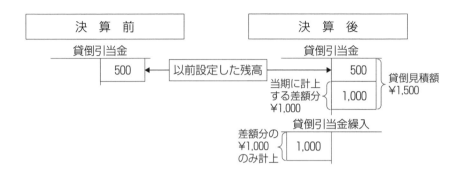

一方，貸倒れの見積額が貸倒引当金勘定の残額より少ない場合は，過大に計上されていることになるので，貸倒引当金勘定を減額すると同時に，**貸倒引当金戻入勘定**（収益）の貸方に記入します。

例題13－6

決算に際して，売掛金残高￥60,000に対して，過去の貸倒実績率にもとづき，2％の貸倒れを見積もった。ただし，貸倒引当金勘定残高が￥2,500ある。

解 答

（借） 貸 倒 引 当 金 　 1,300 　 （貸） 貸倒引当金戻入 　 1,300

■当期に発生した売掛金等の貸倒れ

当期に発生した売掛金等が回収不能となった場合は，貸倒損失勘定を使用します。貸倒引当金勘定は前期以前に発生した売掛金等に対して設定したものであるため，当期に発生した売掛金等が貸し倒れた際に，たとえ貸倒引当金勘定に残額があったとしても，貸倒引当金を使用することはできません。

(3) 償却債権取立益

前期以前に，貸倒れとして処理されていた売掛金などの債権を回収できた際には，その回収額を売掛金勘定などで処理せず，**償却債権取立益**（収益）勘定の貸方に記入します。償却債権取立益は，償却（費用化）した債権が取り立てられて利益になったことをあらわす科目です。

例題13-7

前期に貸倒れとして処理した得意先への売掛金￥70,000のうち￥50,000を現金で回収した。

・・

解 答

（借）現　　　　金　50,000　　（貸）償却債権取立益　50,000

練習問題●13

1　次の取引の仕訳を示しなさい。

(1) 得意先が倒産したため，同店に対する売掛金￥100,000が貸倒れとなった。なお，当社は貸倒引当金を設定していない。

(2) 決算に際して，受取手形残高￥500,000に対して，過去の貸倒実績率にもとづき，2％の貸倒れを見積もった。

(3) 得意先が倒産したため，同社に対する売掛金￥25,000が貸倒れとなった。ただし，貸倒引当金勘定残高が￥30,000ある。

(4) 得意先が倒産したため，同社に対する売掛金￥50,000が貸倒れとなった。ただし，貸倒引当金勘定残高が￥30,000ある。

(5) 決算に際して，売掛金残高￥300,000に対して，過去の貸倒実績率にもとづき，3％の貸倒れを見積もった。ただし，貸倒引当金勘定残高が￥2,000ある。

(6) 決算に際して，売掛金残高￥800,000に対して，過去の貸倒実績率にもとづき，1％の貸倒れを見積もった。ただし，貸倒引当金勘定残高が￥14,000ある。

⑺　前期に貸倒れとして処理した売掛金の一部¥30,000が現金で回収された。

2　次の一連の取引を仕訳しなさい。
⑴　X1年度の決算にあたり，売掛金残高¥2,000,000に対し2％の貸倒れを見積もった。ただし，貸倒引当金勘定には¥65,000の残高がある。
⑵　X2年度になり，得意先が倒産し，X1年度から繰り越された売掛金¥50,000が回収不能となった。
⑶　X2年度の決算にあたり，売掛金残高¥2,800,000に対し2％の貸倒れを見積もった。
⑷　X3年度になり，得意先が倒産し，X2年度から繰り越された売掛金¥110,000が回収不能となった。
⑸　X2年度に貸倒れとして処理した売掛金¥50,000のうち，¥15,000が回収され，普通預金口座に振り込まれた。

Column 11【将来の出来事についての予測】

　簿記の対象となるのは，原則として，過去の事実です。銀行から現金を借り入れた，商品を仕入れた，手数料を支払った，商品を売り上げた，買掛金を支払ったなど，すべて過去において実際に企業が行った活動です。しかし，この章で学んだ貸倒れは，将来に起こるかもしれないと予想することにもとづいています。

　本来，簿記は，確定していない出来事を対象とはしません。来年はどれくらい商品を売り上げるとか，利益はいくらになるだろうかなどを帳簿に書くことはできないのです。貸倒引当金を設定するというのは，その意味で，例外的な簿記処理です。

　もっとも，貸倒れの予想のもととなる出来事は，過去に売り上げた商品などについての売掛金ですので，将来の出来事となる原因は過去においてすでに確定している事実ということになります。つまり，過去の事実にもとづいて将来を評価しているわけですので，まったく根拠のない将来の予測や見積りではありません。

（工藤栄一郎）

第14章

有形固定資産

1 有形固定資産の取得

正常な営業活動の循環に含まれる資産および1年以内に現金化することができるものを流動資産といいます。これに対し，1年を超える長期にわたって保有し，使用・利用され，簡単には現金化されないものを固定資産といいます。

固定資産は，具体的な形を有する「有形固定資産」，形をもたない「無形固定資産」，および有形固定資産・無形固定資産に属しない「投資その他の資産」の3つに分類されます。

ここでは，有形固定資産について学習します。有形固定資産には，備品，建物，車両運搬具，および土地などが含まれます。

(1) 有形固定資産の取得の処理

有形固定資産の取得にあたっては，その種類を示す勘定の借方に取得原価を記入します。この場合，有形固定資産の取得原価には，その本体自体の買入価額に，これを使用できる状態にするまでに発生した諸費用である付随費用を加えます。付随費用には，引取運賃，据付費，登録手数料，登記料，および仲介手数料などが含まれます。

有形固定資産の取得原価

$$= \underset{\text{(有形固定資産本体)}}{\text{買入価額}} + \underset{\text{(引取運賃，登録手数料など)}}{\text{付随費用}}$$

例題14－1

次の取引を仕訳しなさい。

(1) 営業用の自動車￥2,200,000を購入し，代金は登録手数料などの付随費用
￥300,000とともに現金で支払った。

(2) 新店舗を出店するにあたり，1㎡につき￥20,000の土地を200㎡購入し，
代金は月末に支払うことにした。なお，仲介手数料などの付随費用￥400,000
については現金で支払った。

解 答

(1)	(借)	車 両 運 搬 具	2,500,000	(貸)	現		金	2,500,000
(2)	(借)	土 地	4,400,000	(貸)	未 払		金	4,000,000
					現		金	400,000

(2) 資本的支出と収益的支出

　一般的に，有形固定資産は長期にわたって保有されるために，補修や修繕が
行われることがあります。有形固定資産の補修や修繕に伴う支出は，その性質
によって処理が異なります。

　補修や修繕において，有形固定資産の機能を向上させ価値を高めるような支
出を**資本的支出**といいます。すなわち，有形固定資産の改良につながる支出と
いえます。資本的支出がなされた場合には，有形固定資産の経済的価値が増大
したり，その耐用年数が延長されたりするので，資本的支出と認められる金額
は有形固定資産の取得原価に加算されます。資本的支出の処理では，支出され
た金額が有形固定資産を示す勘定の借方に記入されます。

　また，有形固定資産を現状維持するための支出，あるいは原状回復のための
支出がなされた場合は，その支出された金額を**修繕費勘定**（費用）の借方に記
入されます。このような支出を**収益的支出**といいます。

例題14−2

次の取引を仕訳しなさい。
(1) 店舗の建物に耐震補強を行い，その工事費用¥300,000は月末に支払うこ
    とにした。なお，この補強により，店舗建物の使用可能期間が延長された。
(2) 建物の窓ガラスが割れたため，取り替えた。なお，この取り替えにあたり，
    業者に代金¥30,000を現金で支払った。

解　答

(1) （借）建　　　　物　300,000　（貸）未　払　金　300,000
(2) （借）修　繕　費　 30,000　（貸）現　　　金　 30,000

2　有形固定資産の売却

　企業にとって不要となった有形固定資産は，売却されることがあります。有
形固定資産が売却された場合は，その売却価額と帳簿価額（簿価）との差額と
して，固定資産売却益あるいは固定資産売却損が生じることがあります。帳簿
価額とは，帳簿に記載されている金額のことです。
　① 売却価額＞帳簿価額の場合
　有形固定資産の売却価額と帳簿価額とを比較して，売却価額のほうが大きい
場合は固定資産売却益が生じます。有形固定資産の勘定の貸方に帳簿価額を記
入するとともに，固定資産売却益勘定（収益）の貸方に売却価額と帳簿価額と
の差額を記入します。
　② 売却価額＜帳簿価額の場合
　有形固定資産の売却価額と帳簿価額とを比較して，帳簿価額のほうが大きい
場合は固定資産売却損が生じます。有形固定資産の勘定の貸方に帳簿価額を記
入するとともに，固定資産売却損勘定（費用）の借方に売却価額と帳簿価額と
の差額を記入します。

例題14－3

次の連続する取引を仕訳しなさい。
(1) 工場用地として，土地1,000㎡を1㎡当たり¥5,000で購入し，代金は仲介手数料¥500,000とともに現金で支払った。
(2) 上記の土地の2分の1を1㎡当たり¥7,000で売却し，代金は月末に受け取ることにした。

解 答

(1)	(借)	土　　　地	5,500,000	(貸)	現　　　金	5,500,000
(2)	(借)	未　収　入　金	3,500,000	(貸)	土　　　地	2,750,000
					固定資産売却益	750,000

例題14－4

次の取引を仕訳しなさい。
営業用の自動車（帳簿価額　¥1,750,000）を¥1,000,000で売却し，代金は小切手で受け取った。

解 答

(借)	現　　　金	1,000,000	(貸)	車両運搬具	1,750,000
	固定資産売却損	750,000				

3　減価償却

有形固定資産は，経済活動に利用されることで収益の獲得に貢献します。また，有形固定資産は，使用，陳腐化，あるいは時の経過などを原因として，その経済的価値が減少していきます。そのために，決算において，このような経済的価値の減少分と収益獲得への貢献を収益に対応させて費用として計上する手続きを行い，減価償却費として計上することによって，有形固定資産の価値を減少させます。これを減価償却といいます。ただし，有形固定資産のなかでも，土地は使用等にもとづいて価値が減少しないため，減価償却の対象外とな

ります。

(1)　減価償却費の計算

　減価償却費の計上にあたっては，有形固定資産の価値の減少分を見積もらなければなりません。この計算方法は，定額法，定率法，および生産高比例法などいくつかありますが，ここでは定額法を説明します。

　定額法では，次のように有形固定資産の取得原価から残存価額を差し引いて，これを耐用年数で割ることで減価償却費が算出されます。

$$減価償却費 = \frac{取得原価 - 残存価額}{耐用年数}$$

　ここで，取得原価とは，前にも説明したように，有形固定資産の買入価額と付随費用との合計額です。耐用年数とは，有形固定資産の使用可能年数です。使用期間の見積年数といえます。実務上においては，税法に規定された年数に従うことが多いでしょう。残存価額とは，耐用年数経過後の有形固定資産の価値です。使用後に処分する際の見積額です。

　なお，ここに示した減価償却費の算定式では，1会計期間の金額が計算されます。したがって，会計期間の途中で有形固定資産が購入あるいは売却された場合には，月割計算が行われます。

(2)　減価償却費の記帳

　減価償却費の金額は**減価償却費勘定**（費用）の借方に記入しますが，貸方の処理方法については，直接的に固定資産の価値を減少させる直接法と，固定資産の価値を直接的には減少させない間接法の2種類があります。

　直接法による減価償却の処理については，減価償却費を費用として計上するとともに，貸方に同額の該当する固定資産の減少分を計上します。**間接法**による減価償却の記帳にあたっては，計算された減価償却費の同額を**減価償却累計額勘定**（評価勘定：資産の金額を減額するために用いられる勘定）の貸方に記入します。間接法の場合，有形固定資産を示す勘定の残高は，基本的にその取得原価のままです。この記帳が行われるならば，決算ごとに有形固定資産の価値の

140

減少分である減価償却費が費用として計上されるとともに，同額が減価償却累計額勘定に累加されていくことになります。

したがって，減価償却の処理がなされる有形固定資産の帳簿価額は，有形固定資産を示す勘定残高から減価償却費の累加額である減価償却累計額勘定の残高を差し引いた金額となることに注意しなければなりません。

なお，複数の有形固定資産が所有されている場合は，管理の便宜上，減価償却累計額勘定はその種類ごとに設定されることがあります。したがって，○○減価償却累計額のように，その冒頭に有形固定資産の名称が付されます。

例題14－5

次の取引を直接法と間接法でそれぞれ仕訳しなさい。

X1年4月1日に購入した備品（取得原価　¥600,000，耐用年数　5年，残存価額　ゼロ）を，決算（X2年3月31日）において，定額法により減価償却を行った。

解　答

・直接法

（借）減 価 償 却 費　120,000　　（貸）備　　　　品　120,000

・間接法

（借）減 価 償 却 費　120,000　　（貸）減価償却累計額　120,000

例題14－6

次の取引を間接法で仕訳しなさい。

当期首に営業用の自動車（取得原価　¥2,200,000，減価償却累計額　¥900,000）を¥700,000で売却し，代金は現金で受け取りただちに当座預金とした。

解　答

（借）減価償却累計額　900,000　　（貸）車 両 運 搬 具　2,200,000

　　　当 座 預 金　700,000

　　　固定資産売却損　600,000

4　固定資産台帳

　所有している有形固定資産については，その取得，売却，および減価償却などの情報を記録するために，**固定資産台帳**が備えられることがあります。この固定資産台帳は，有形固定資産を管理するための補助簿です。

　固定資産台帳には，決められたフォームはありませんが，おおむね有形固定資産の種類・用途，数量，取得年月日，取得原価，耐用年数，残存価額，減価償却の方法などの有形固定資産についての明細，さらに減価償却費や減価償却累計額の金額など減価償却についての情報が記載されます。

　固定資産台帳には決まったフォームがないために，さまざまな形式のものが考えられますが，大別するならば，所有している有形固定資産を個々に記録するタイプと，それらの種類ごとに記録するタイプとに分けられるでしょう。一例として，考えられるそれぞれのタイプを示しておきます。

　①　個々の有形固定資産を記録するタイプ

固定資産台帳

種類	車両運搬具	取得原価	¥3,000,000
用途	営業用	耐用年数	6 年
数量	1 台	残存価額	ゼロ
取得年月日	X0年4月1日	償却方法	定額法

年月日			摘要	取得原価	減価償却累計額	帳簿価額
X0	4	1	現金で購入	3,000,000	0	3,000,000
X1	3	31	減価償却費		500,000	2,500,000
X2	3	31	〃		500,000	2,000,000

決算日（3月31日，年1回）

142

② 有形固定資産の種類ごとに記録するタイプ

固定資産台帳

取得年月日			種類・用途	耐用年数	取得原価	期首減価償却累計額	当期減価償却費	期末帳簿価額
X0	4	1	備品 A	5	150,000	60,000	30,000	60,000
X1	4	1	備品 B	3	150,000	50,000	50,000	50,000
X2	4	1	備品 C	5	300,000	0	60,000	240,000

例題14－7

次の固定資産台帳の（ ）内に適切な用語や数字を記入しなさい。なお，すべての建物について，減価償却方法は定額法，記帳方法は間接法による。また，各建物の残存価額は，建物A：取得原価の10％，建物B：ゼロ，建物C：ゼロである。

固定資産台帳

取得年月日			種類・用途	耐用年数	取得原価	期首減価償却累計額	当期減価償却費	期末帳簿価額
X0	4	1	建物 A	30	3,000,000	180,000	( )	( )
X1	4	1	建物 B	25	2,500,000	100,000	( )	( )
X2	4	1	建物 C	10	1,200,000	0	( )	( )

解答

固定資産台帳

取得年月日			種類・用途	耐用年数	取得原価	期首減価償却累計額	当期減価償却費	期末帳簿価額
X0	4	1	建物 A	30	3,000,000	180,000	(90,000)	(2,730,000)
X1	4	1	建物 B	25	2,500,000	100,000	(100,000)	(2,300,000)
X2	4	1	建物 C	10	1,200,000	0	(120,000)	(1,080,000)

5 年次決算と月次決算

1年に1回，決算を行い企業の経営状況を明らかにすることを，**年次決算**といいます。また，日々刻々と変化する経済状況に迅速に対応するために，タイ

ムリーな情報を得る必要があります。そこで，1カ月ごとに決算を行い，企業の経営状況を明らかにすることがあります。これを，月次決算といいます。

　ここでは，月次決算における減価償却の処理を学習します。これまでに説明してきた減価償却の処理は，年次決算での処理です。すなわち，年1回の決算において，1年（12カ月）分の減価償却費を計算し，これを費用として計上しました。

　これに対し，月次決算における処理では，1年分の減価償却費の金額を12カ月で割って，この金額を減価償却費として計上します。このとき計算された金額を，毎月減価償却費勘定の借方に記入するとともに，減価償却累計額勘定の貸方に記入します。

例題14－8

　次の資料にもとづいて，(1)年次決算を行っている場合と，(2)月次決算を行っている場合の，X2年3月31日（決算日）の仕訳をしなさい。なお，定額法および間接法による。

《資　料》

　　備品

　　　取得年月日　X1年4月1日　　　取得原価　¥2,880,000

　　　残存価額　ゼロ　　　耐用年数　6年　　　決算日　3月31日

解　答

(1)	（借）	減価償却費	480,000	（貸）	減価償却累計額	480,000
(2)	（借）	減価償却費	40,000	（貸）	減価償却累計額	40,000

練習問題●14

1 次の取引を仕訳しなさい。

(1) 工場として使用する建物￥2,000,000を購入し，代金は月末に支払うことにした。なお，仲介手数料￥60,000は現金で支払った。

(2) 1台￥200,000の事務用パソコン10台を購入し，代金は小切手を振り出して支払った。なお，引取運賃￥40,000は現金で支払った。

(3) 店舗用の土地150㎡を1㎡当たり￥10,000で購入し，代金は小切手を振り出して支払った。なお，仲介手数料￥30,000と登記料￥15,000は現金で支払った。

(4) 上記(3)の土地50㎡を1㎡当たり￥11,000で売却した。なお，代金は後日受け取ることになっている。

(5) 店舗用建物の外壁の塗装が剥がれていたために，塗り替え工事を行った。代金の￥200,000は月末に支払うこととした。

(6) 増産のため，￥5,000,000をかけて工場の増築を行った。なお，建築費は後日支払うこととした。

2 次の資料にもとづいて，減価償却費を計上する仕訳をし，各勘定の（　　　）に適切な語句あるいは金額を記入しなさい。

(1) 資料

取得日　X1年4月1日　　取得原価　￥240,000　　耐用年数　6年
残存価額　ゼロ　　定額法で計算し，間接法で記帳すること
決算日　X2年3月31日

(2) 資料

取得日　X1年4月1日　　取得原価　￥240,000　　耐用年数　6年
残存価額　取得原価の10%　　定額法で計算し，間接法で記帳すること
決算日　X2年3月31日

3 次の資料にもとづき，固定資産台帳の（　　　）に適切な語句あるいは金額を記入しなさい。

資料

建物A　取得原価　￥1,050,000　　耐用年数　35年

　　　　　残存価額　取得原価の10%　　取得年月日　X1年4月1日

建物B　取得原価　¥800,000　　耐用年数　20年

　　　　　残存価額　ゼロ　　　取得年月日　X4年4月1日

建物C　取得原価　¥600,000　　耐用年数　25年

　　　　　残存価額　ゼロ　　　取得年月日　X6年10月1日

4　次の取引を仕訳しなさい。

　月末になったので，備品（取得原価　¥180,000，耐用年数　4年，残存価額　ゼロ）について，減価償却を行った。なお，当社では毎月末に月次決算を行っている。

Column 12【資産も費用も借方のわけ】

　複式簿記は，借方と貸方に要素を識別して2つの属性に分類した記録を行います。みなさんは，まず，借方に置かれるものとして資産を学びました。ところが，次の学習ステップでは，費用も借方に置かれると説明を受けました。資産には「いいもの」というイメージが，これに対して，費用は「マイナスのもの」というイメージがあるでしょう。しかし，このように相互に対照的な性格のものが，簿記のルールでは同じ側に記帳されることに違和感を持った人がいるかもしれません。しかし，この章で学んだ減価償却で整合性ある理解ができたのではないでしょうか。

　建物勘定や備品勘定は「資産」なので借方です。また，これら有形固定資産を対象とした減価償却費勘定は「費用」ですから，これも借方に計上されます。減価償却は資産の取得原価を耐用年数にわたって費用として計上していく手続きです。つまり，建物などの資産勘定（借方）に計上されている価額は，将来においていずれは減価償却費勘定で費用（借方）となっていくわけです。また，商品を購入したときは仕入勘定（費用：借方）に計上しますが，期末にまだ販売されていないものがある場合には繰越商品勘定（資産：借方）に振り替えて次期に繰り越しました。

　要するに，ある種の資産と費用はもともと同じ性質のものであったと理解できます。資産も費用も借方に計上されるのは，こういった理由からなのです。

　　　　　　　　　　　　　　　　　　　　　　　　　　（工藤栄一郎）

第15章

伝　　票

1　仕訳帳と伝票

　取引を仕訳帳に記入することを前提に説明してきましたが，仕訳帳に代えて伝票という紙片に，取引の事実を記入することもあります。伝票に取引を記入することを起票といいます。伝票を使って取引を記録するしくみを伝票会計制度といいます。

2　3伝票制

　取引を記録する伝票には3種類あります。入金取引（現金の受け入れ）を記入する入金伝票，出金取引（現金の支払い）を記入する出金伝票，そして入金・出金取引以外を記入する振替伝票の3種類です。これらの3種類の伝票を用いた伝票会計制度を3伝票制といいます。

(1)　入金伝票の記入方法

　入金伝票には現金の受入取引，つまり入金取引を記入します。入金伝票の借方は現金ですので，入金伝票の勘定科目欄には仕訳の相手勘定科目を記入し，金額欄に金額を記入します。

148

例題15－1

次の取引を仕訳し，入金伝票に記入しなさい。

X1年7月5日　売掛金￥1,000を現金で受け取った。

解　答

（借）現　　　　金　1,000　　（貸）売　　掛　　金　1,000

入金伝票	
X1年7月5日	
勘定科目	金額
売掛金	1,000

借方は常に現金ですので，貸方の勘定科目のみを記入します。

---

(2) 出金伝票の記入方法

出金伝票には現金の支払取引，つまり出金取引を記入します。出金伝票の貸方は現金ですので，出金伝票の勘定科目欄には仕訳帳の相手勘定科目を記入し，金額欄に金額を記入します。

例題15－2

次の取引を仕訳し，出金伝票に記入しなさい。

X1年7月10日　商品￥500を仕入れ，代金は現金で支払った。

解　答

（借）仕　　　　入　500　　（貸）現　　　　金　500

出金伝票	
X1年7月10日	
勘定科目	金額
仕入	500

貸方は常に現金ですので，借方の勘定科目のみを記入します。

(3) 振替伝票の記入方法

　振替伝票には入金取引・出金取引ではない取引を記入します。入金伝票・出金伝票とは異なり，借方・貸方の勘定科目は決まっていないので，仕訳のかたちで振替伝票に記入します。

例題15－3

　次の取引を仕訳し，振替伝票に記入しなさい。
　X1年7月15日　商品¥2,000を売り上げ，代金は掛けとした。

解　答

　（借）売　掛　金　2,000　　（貸）売　　　上　2,000

<table>
<tr><td colspan="4" align="center">振替伝票
X1年7月15日</td></tr>
<tr><td>勘定科目</td><td>金額</td><td>勘定科目</td><td>金額</td></tr>
<tr><td>売掛金</td><td>2,000</td><td>売上</td><td>2,000</td></tr>
</table>

---

(4) 一部振替取引

　取引には，入金取引と出金取引とそれ以外の取引があります。3伝票制において入出金取引とそれ以外の取引からなる取引を**一部振替取引**（一部現金取引）といいます。

　　例：商品¥2,000を売り上げ，代金のうち¥1,500を現金で受け取り，残額を
　　　　掛けとした場合の仕訳
　　（借）現　　　　金　1,500　　（貸）売　　　　上　2,000
　　　　　売　掛　金　　500

　この取引は，現金¥1,500の入金取引と売掛金¥500の入出金取引以外の取引となっており，これを一部振替取引といいます。

　このような一部振替取引の起票方法には，**①取引を分解する方法**と**②取引を擬制する方法**があります。

① 取引を分解する方法

　この方法では，入出金取引と入出金取引以外の取引に分解します。そして，入出金額を入金伝票・出金伝票に記入し，入出金以外の取引を振替伝票に記入します。

　先ほどの例で考えると商品￥1,500を売り上げ，現金を受け取ったという入金取引と商品￥500を売り上げ，残額を掛けとしたという入出金取引以外の取引に分解することができます。

　よって，￥1,500の現金を受け取った取引は入金伝票に，￥500を掛けとした取引は振替伝票に記入します。

例題15－4

　次の取引について以下のような出金伝票が作成されているとき，振替伝票を作成しなさい。

　X1年7月20日　商品￥1,000を仕入れ，￥600を現金で支払い，残額を掛けとした。

<table>
<tr><td colspan="2" align="center">出金伝票
X1年7月20日</td></tr>
<tr><td align="center">勘定科目</td><td align="center">金額</td></tr>
<tr><td align="center">仕入</td><td align="center">600</td></tr>
</table>

解　答

<table>
<tr><td colspan="4" align="center">振替伝票
X1年7月20日</td></tr>
<tr><td align="center">勘定科目</td><td align="center">金額</td><td align="center">勘定科目</td><td align="center">金額</td></tr>
<tr><td align="center">仕入</td><td align="center">400</td><td align="center">買掛金</td><td align="center">400</td></tr>
</table>

　この取引の仕訳は，次のとおりです。

　（借）仕　　　　入　　1,000　　（貸）現　　　　金　　600
　　　　　　　　　　　　　　　　　　　　買　掛　金　　400

　この仕訳は，次のように分解されます。

　（借）仕　　　　入　　　600　　（貸）現　　　　金　　600
　（借）仕　　　　入　　　400　　（貸）買　掛　金　　400

② 取引を擬制する方法

この方法では，取引の全額をいったん振替取引として振替伝票で起票し，その後，現金取引が発生したとして入金伝票・出金伝票で起票します。

先ほどの例で考えると，商品¥2,000を売り上げ，代金はすべて掛けとし，その後，売掛金のうち¥1,500を現金で回収したと読み替えます。

よって，商品¥2,000を売り上げ，代金はすべて掛けとした取引を振替伝票で起票し，売掛金のうち¥1,500を現金で回収した取引を入金伝票で起票します。

例題15－5

次の取引について以下のような入金伝票が作成されているとき，振替伝票を作成しなさい。

X1年7月25日　商品¥3,000を売り上げ，¥2,000を現金で受け取り，残額を掛けとした。

入金伝票 X1年7月25日	
勘定科目	金額
売掛金	2,000

解　答

振替伝票 X1年7月25日			
勘定科目	金額	勘定科目	金額
売掛金	3,000	売上	3,000

この取引の仕訳は，次のとおりです。

（借）現　　　　金　2,000　　（貸）売　　　　上　3,000
　　　売　掛　金　1,000

この仕訳の売上¥3,000をいったん売掛金とし，その後，¥2,000の売掛金を回収したと考えます。

（借）売　掛　金　3,000　　（貸）売　　　　上　3,000
（借）現　　　　金　2,000　　（貸）売　掛　金　2,000

3 伝票の集計

(1) 仕訳集計表（日計表，週計表）の作成

　伝票が起票されると，伝票から総勘定元帳および補助元帳に転記されます。

　総勘定元帳への転記の方法には，伝票を起票するとそのつど，転記する**個別転記**や1日または1週間などの一定期間ごとに転記する**合計転記**があります。

　合計転記の場合，一定期間ごとに伝票に記入した取引を勘定科目ごとに集計する**仕訳集計表**に集計し，総勘定元帳に転記します。この仕訳集計表には，1日分の伝票を集計する**仕訳日計表**，1週間分の伝票を集計する**仕訳週計表**などがあります。

　たとえば仕訳日計表は次のとおりです。

仕訳日計表

X1年○月○日

借方	元丁	勘定科目	元丁	貸方
××		現　　　　金		××
××		売　掛　金		××
⋮		⋮		⋮

　まず，入金伝票の総額を仕訳集計表の現金勘定の借方欄に記入し，出金伝票の総額を貸方欄に記入します。

　次に入金伝票に記入されている勘定科目および振替伝票の貸方欄に記入されている勘定科目をそれぞれの勘定科目に集計し，仕訳集計表の貸方欄に記入します。出金伝票に記入されている勘定科目および振替伝票の借方欄に記入されている勘定科目をそれぞれの勘定科目に集計し，仕訳集計表の借方欄に記入します。

　そして，仕訳集計表の借方欄および貸方欄の金額の合計を算出し，貸借合計が一致することを確認します。

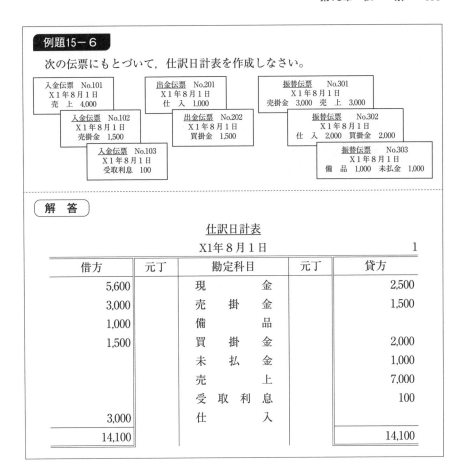

例題15-6

次の伝票にもとづいて，仕訳日計表を作成しなさい。

入金伝票 No.101
X1年8月1日
売 上 4,000

入金伝票 No.102
X1年8月1日
売掛金 1,500

入金伝票 No.103
X1年8月1日
受取利息 100

出金伝票 No.201
X1年8月1日
仕 入 1,000

出金伝票 No.202
X1年8月1日
買掛金 1,500

振替伝票 No.301
X1年8月1日
売掛金 3,000 売 上 3,000

振替伝票 No.302
X1年8月1日
仕 入 2,000 買掛金 2,000

振替伝票 No.303
X1年8月1日
備 品 1,000 未払金 1,000

解 答

仕訳日計表

X1年8月1日　　　　　　　　　　　　1

借方	元丁	勘定科目	元丁	貸方
5,600		現　　　　金		2,500
3,000		売　掛　金		1,500
1,000		備　　　品		
1,500		買　掛　金		2,000
		未　払　金		1,000
		売　　　上		7,000
		受　取　利　息		100
3,000		仕　　　入		
14,100				14,100

(2) 総勘定元帳への転記

伝票から総勘定元帳への転記方法には個別転記および合計転記があり，個別転記の場合は，伝票が起票されるごとに総勘定元帳の各勘定へ転記します。仕訳の転記と同様に，各勘定の摘要欄には相手勘定科目が記入されます。

一方，合計転記の場合は，仕訳日計表や仕訳週計表などの仕訳集計表に集計された金額を各勘定に転記します。このとき，各勘定の摘要欄には，転記元が仕訳日計表の場合は，仕訳日計表と記入します。そして仕訳集計表の元丁欄には，総勘定元帳の各勘定の番号を記入します。

例題15－7

次の仕訳日計表にもとづいて，各勘定に合計転記をしなさい。

仕訳日計表

X1年8月15日　　　　　　　　　　　1

借方	元丁	勘定科目	元丁	貸方
20,000	1	現　　　金	1	15,000
		⋮		
4,000	11	買　掛　金	11	9,000
		⋮		

解　答

現　金　　　　　1

X1年		摘要	仕丁	借方	X1年		摘要	仕丁	貸方
8	1	前月繰越	✓	×××	8	15	仕訳日計表	1	15,000
	15	仕訳日計表	1	20,000					

買掛金　　　　　11

X1年		摘要	仕丁	借方	X1年		摘要	仕丁	貸方
8	15	仕訳日計表	1	4,000	8	1	前月繰越	✓	×××
						15	仕訳日計表	1	9,000

(3)　補助元帳への転記

　伝票会計制度でも，補助元帳が用いられます。仕訳集計表から総勘定元帳に合計転記がされていても，補助元帳へは，各伝票から個別転記されます。売掛金元帳（得意先元帳）や買掛金元帳（仕入先元帳）で設定されている人名勘定は仕訳集計表からではなく伝票から個別転記されます。これは勘定記録の明細が補助元帳ですので，取引ごとに記入する必要があるからです。

　補助元帳への転記にあたり，摘要欄には伝票の名称を記入し，仕丁欄には伝票番号が記入されます。

例題15－8

次の伝票を，売掛金元帳（福岡株式会社および長崎株式会社）と買掛金元帳（熊本株式会社と沖縄株式会社）に転記しなさい。

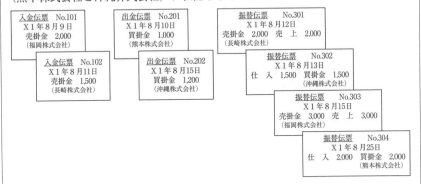

入金伝票　No.101
X1年8月9日
売掛金　2,000
（福岡株式会社）

入金伝票　No.102
X1年8月11日
売掛金　1,500
（長崎株式会社）

出金伝票　No.201
X1年8月10日
買掛金　1,000
（熊本株式会社）

出金伝票　No.202
X1年8月15日
買掛金　1,200
（沖縄株式会社）

振替伝票　No.301
X1年8月12日
売掛金　2,000　売　上　2,000
（長崎株式会社）

振替伝票　No.302
X1年8月13日
仕　入　1,500　買掛金　1,500
（沖縄株式会社）

振替伝票　No.303
X1年8月15日
売掛金　3,000　売　上　3,000
（福岡株式会社）

振替伝票　No.304
X1年8月25日
仕　入　2,000　買掛金　2,000
（熊本株式会社）

解　答

売掛金元帳

福岡株式会社　　　　　　　　　　得1

X1年		摘要	仕丁	借方	X1年		摘要	仕丁	貸方
8	1	前月繰越	✓	×××	8	9	入金伝票	101	2,000
	15	振替伝票	303	3,000					

長崎株式会社　　　　　　　　　　得2

X1年		摘要	仕丁	借方	X1年		摘要	仕丁	貸方
8	1	前月繰越	✓	×××	8	11	入金伝票	102	1,500
	12	振替伝票	301	2,000					

買掛金元帳

熊本株式会社　　　　　　　　　　仕1

X1年		摘要	仕丁	借方	X1年		摘要	仕丁	貸方
8	10	出金伝票	201	1,000	8	1	前月繰越	✓	×××
						25	振替伝票	304	2,000

沖縄株式会社　　　　　　　　　　仕2

X1年		摘要	仕丁	借方	X1年		摘要	仕丁	貸方
8	15	出金伝票	202	1,200	8	1	前月繰越	✓	×××
						13	振替伝票	302	1,500

練習問題●15

1 次の問いに答えなさい。

(1) 商品¥20,000を売り上げ，代金のうち¥5,000は現金で受け取り，残金は掛けとした。この取引で入金伝票を次のように作成したときの振替伝票を記入しなさい。

入金伝票	
勘定科目	金額
売上	5,000

(2) 商品¥10,000を仕入れ，代金のうち¥4,000を現金で支払い，残金を掛けとした。この取引で出金伝票を次のように作成したときの振替伝票を記入しなさい。

出金伝票	
勘定科目	金額
買掛金	4,000

2 当社では，毎日の取引を3伝票制により集計し，仕訳日計表を作成している。総勘定元帳への転記は，仕訳日計表から行っている。また補助元帳も作成している。次のX1年10月1日の取引に関する各伝票をもとに仕訳日計表を作成し，総勘定元帳と補助元帳における各勘定へ転記しなさい。

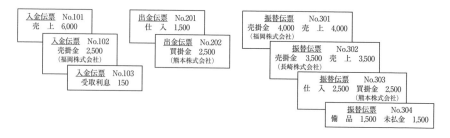

第16章

資　本

1　株式会社の設立と株式の発行

　これまでの章では，主に，すでに設立された企業について，取引が財務諸表にもたらす影響を記録する方法を学習してきました。本章では，代表的な企業形態である株式会社に関して，その設立の仕組みや計上した利益を出資者である株主に還元する仕組みを学習します。

　株式会社はその設立にあたって，出資しようとする者から金銭等の財産の払い込みを受けます。出資した者は，会社の所有者としての権利，つまり「株式」を取得します。株式を所有する者のことを株主とよびます。詳細な手続は「会社法」という法律で定められています。

　株主から払い込まれた金額は貸借対照表の**資本金勘定**（資本（純資産））で処理されます。また，株式会社を設立した後，さらに資金を調達して資本金を充実させたい場合等に，追加で株式を発行し，新規の出資を募る場合があります。これを増資とよび，増資にともない受け入れた財産の払込額は，当初の株式発行時の払込と同様に資本金勘定を用いて処理されます。

　このようにして株主から調達した資本金は，会社法の定めに従い，特別な手続きを経なければ取り崩すことができません。株式会社は，株主からの払込額に関する返還の義務を原則として負わないことに注意しましょう。この点は負債による資金調達と大きく異なるところです。

　一方で，仮に会社が莫大な負債を抱えて倒産した場合，株主は，株式が無価値になることにともない，払い込んだ財産を失う可能性がありますが，払い込んだ財産以外の株主個人の財産を会社の負債の弁済に充当する必要はありませ

158

ん（株主の有限責任）。

例題16－1

次の取引を仕訳しなさい。
(1) 株式会社福岡商事の設立にあたり，株式100株を1株当たり¥1,000で発行した。払い込まれた金額は全額を会社の当座預金に預け入れた。
(2) 株式会社福岡商事は，事業拡大のため，新たに株式20株を1株当たり¥1,500で発行した。払い込まれた金額は全額を会社の当座預金に預け入れた。

解　答

(1) （借）当 座 預 金　100,000　　（貸）資　本　金　100,000
(2) （借）当 座 預 金　 30,000　　（貸）資　本　金　 30,000

2　繰越利益剰余金

　第7章ですでにみたように，決算にあたっては，収益に属する勘定と費用に属する勘定の金額を損益勘定に振り替え，さらに，損益勘定にて算出された収益と費用の差額，つまり当期における純利益（純損失）を貸借対照表の資本（純資産）勘定に振り替えます。株式会社では，この純利益（純損失）の資本（純資産）の勘定への振り替えを，**繰越利益剰余金勘定**（資本（純資産））を用いて行います。

　繰越利益剰余金は，株式会社がこれまでの活動で得た成果である各期の純利益の蓄積であり，会社設立時や増資時に株主から払い込まれた金額（資本金）とはその性質が異なりますから，資本金と同じ資本（純資産）に属する勘定ですが，区分して表示します。

[資本金と繰越利益剰余金の計上の流れ]

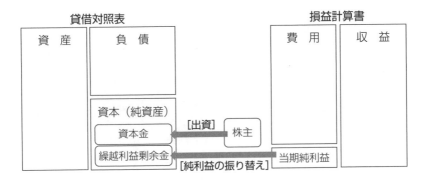

例題16－2

次の取引を仕訳しなさい。

(1) 株式会社福岡商事は，決算において，収益¥150,000と費用¥90,000をそれぞれ計上した。純利益を繰越利益剰余金勘定に振り替える。

(2) 株式会社福岡商事は，決算において，収益¥110,000と費用¥120,000をそれぞれ計上した。純損失を繰越利益剰余金勘定に振り替える。

解　答

(1) （借）　損　　　　益　　60,000　　（貸）　繰越利益剰余金　　60,000

(2) （借）　繰越利益剰余金　10,000　　（貸）　損　　　　益　　10,000

3　配　　当

(1)　配当の決議

　配当とは，株式会社が，資本（純資産）の一部を株主に分配することです。

　しかし，好きなだけ分配できるわけではなく，配当の額は会社法により規制されています。本章第1節で見たように，株式会社において，株主は出資した金額の分しか責任を負いませんから，会社が保有する資産を無制限に分配してしまうと，債務の弁済に充当するための資産がなくなってしまいます。このよ

うな事態に陥ると債権者を保護できないため，あらかじめ決まりが設けられているのです。

配当を行うためには，通常，株主総会の決議が必要になります。決議がなされたら，配当金額分の繰越利益剰余金を減額した上で**未払配当金勘定（負債）**を計上し，後日，株主に対して支払うことになります。

(2) 利益準備金

会社が配当を行う際，配当金額分の繰越利益剰余金を減額（未払配当金を増額）することはすでに述べましたが，同時に，原則として配当金額の10分の1の繰越利益剰余金も減額し，その分の**利益準備金（資本（純資産））**を計上しなければなりません。この決まりも，会社財産の過度の流出を防ぎ，会社債権者を保護するため，会社法により定められているものです。

[配当と利益準備金計上の流れ]

例題16-3

次の取引を仕訳しなさい。

(1) 株式会社福岡商事の株主総会にて¥1,000,000の配当を行うことが決議された。決議にともなって，¥100,000を利益準備金として計上する。

(2) 株式会社福岡商事は，株主に対して当座預金から上記配当を支払った。

解　答

(1)	(借)	繰越利益剰余金	1,100,000	(貸)	未 払 配 当 金	1,000,000
					利 益 準 備 金	100,000
(2)	(借)	未 払 配 当 金	1,000,000	(貸)	当 座 預 金	1,000,000

練習問題●16

1　次の一連の取引について仕訳をしなさい。

(1)　株式会社長崎商事の設立にあたり，株式1,000株を1株当たり￥2,000で発行した。払い込まれた金額は全額を会社の当座預金に預け入れた。

(2)　新たに株式500株を1株当たり￥2,200で発行した。払い込まれた金額は全額を会社の当座預金に預け入れた。

(3)　下記の収益・費用の諸勘定を損益勘定に振り替えた。なお，期首・期末に繰越商品は存在しなかった。

【会計期間中の収益と費用】

売上￥1,000,000　　受取手数料￥200,000　　仕入￥700,000　　給料￥80,000

支払利息￥50,000

(4)　損益勘定を繰越利益剰余金に振り替えた。

2　次の一連の取引について仕訳をしなさい。

(1)　株式会社長崎商事の株主総会にて￥500,000の配当を行うことが決議された。決議にともなって，￥50,000を利益準備金として計上する。

(2)　株主に対して普通預金から上記配当を支払った。

▬ Column 13【会社ということば】▬

　株式会社に代表される「会社」ですが，このことばは明治時代につくられた日本語です。それまでビジネスを行う主体は，「商家」といわれるように，単一の家族あるいは個人でした。自分の財産でビジネスをするのです。ところが，近代になって，複数の人たちがお金を出し合って事業を行うための組織を作るという仕組みが西洋にあることを日本人は知ってそれを取り入れたのです。「会社」ということばは「人々が集まった」という意味の文字から構成されています。複数の人々が元手，つまり，資本を出し合うので，「合本」などという訳語も使われたことがあります。会社のことを英語でcompanyといいますが，このもととなったことばは，「一緒にパンを食べる」というラテン語*companio*だといわれています。つまり，利害をともにする人たちという意味です。

　日本人にとっては新しいこの仕組みを広めようとした人々に，前のコラムでも触れた福澤諭吉，それに渋沢栄一などがいます。彼らはどちらも１万円札の肖像となった人です。

　多くの人々から資金を集めることでより規模の大きな事業を行うことができるようになります。株式会社という新しい仕組みは，明治時代以降の日本経済の発展に大きく貢献することになりました。　　　　　　　　　　　　（工藤栄一郎）

第17章

税　　金

1　租税公課

　企業は，経営活動を行う上で，さまざまな種類の税金を負担します。それらには，企業が獲得した当期純利益の金額を基礎にして課される税金と，それ以外を対象として課される税金があります。ここでは，企業の当期純利益以外に対して課される税金についてみていきます。

　当期純利益以外の金額に対して課せられる税金には，**固定資産税**，**自動車税**，**印紙税**などがあります。たとえば，固定資産税は，毎年1月1日時点で所有している土地や建物それに機械などの償却資産の価格を基礎として課される税金です。納付は，4月・7月・12月・翌2月の年4期に分けて行われますが，一括で納付することもできます。自動車税というのは，自動車の所有者に対して課税される税金です。

　また，印紙税とは，経済的な取引に伴って契約書や領収書などの文書を作成した場合に課せられる税金です。課税の対象となるこれら文書を作成した場合には，収入印紙を購入し文書に添付することで税金を支払ったことになります。

　これらの税金は企業の費用として処理するため，納付したときに，**租税公課勘定**（費用）の借方に記帳します。

例題17-1

　次の取引を仕訳しなさい。
(1)　建物と土地に対する固定資産税¥200,000の納税通知を受け取り，全額を現金で納付した。

(2) 自動車税￥40,000の納税通知書が届いたので，現金で納付した。

(3) 収入印紙￥20,000分を購入し，現金で購入した。

(4) 決算において，上記(3)の収入印紙のうち，￥3,000分が未使用であることが判明した。

解　答

(1)	(借)	租　税　公　課	200,000	(貸)	現		金	200,000
(2)	(借)	租　税　公　課	40,000	(貸)	現		金	40,000
(3)	(借)	租　税　公　課	20,000	(貸)	現		金	20,000
(4)	(借)	貯　蔵　品	3,000	(貸)	租　税　公　課			3,000

(3)と(4)の収入印紙についてですが，簿記処理としては，収入印紙の購入時に租税公課勘定で費用処理しますが，決算時に当期に購入した収入印紙に未使用分があった場合，その分については当期の費用ではないので，貯蔵品勘定に振り替えて，租税公課勘定から控除します。詳しくは，第18章で説明します。

2　法人税，住民税及び事業税

　株式会社の場合，当期純利益にもとづいて税金がかかります。会社（法人）に対して課せられる税金なので，**法人税**といいます。また，国税である法人税の金額が確定すると，これに連動して，地方税である住民税と事業税についてもその金額が決定されます。

　当期純利益は，決算時に，その会計期間に生じた収益総額と費用総額の差額として計算されますが，法人税，住民税及び事業税はこの当期純利益に対して課せられることから，当期純利益のことを**税引前当期純利益**といいます。

　この税引前当期純利益に対して，それぞれ該当する法令に決められた税率が乗じられて，納付すべき税金の額が計算されます。簿記では，このようにして計算された金額を**法人税，住民税及び事業税勘定**（費用）としてまとめて計上します。ですが，これらの税金が実際に納付されるのは，決算日から2カ月以内に行う確定申告のときとなるため，決算時にはまだ税金の納付はされていないので，**未払法人税等勘定**（負債）の貸方に計上します。

　また，株式会社は，前年の法人税，住民税及び事業税の額が一定の金額以上である場合には，中間申告を行い，中間納付を行わなければなりません。中間申告および中間納付は，前年度の決算日から6カ月を経過する日から2カ月以内に行う必要があります。中間申告に基づいて計算された中間納付額は，**仮払法人税等勘定**（資産）で処理します。この仮払法人税等の金額は，当期の決算において計上される法人税，住民税及び事業税の額から控除され，差額は未払法人税等勘定に計上されます。

例題17－2

　次の一連の取引を仕訳しなさい。
(1) 決算日（X1年3月31日）において，法人税，住民税及び事業税を計上した。なお，決算日における収益総額は¥3,750,000，費用総額は¥2,550,000，法人税，住民税及び事業税の税率は30％とする。
(2) X1年5月27日に確定申告を行い，上記(1)の税額を現金で納付した。
(3) X1年11月18日に中間申告を行い，法人税，住民税及び事業税¥180,000を当座預金から納付した。
(4) 決算日（X2年3月31日）において，法人税，住民税及び事業税¥500,000を計上した。

- -

解 答

(1)	(借)	法人税，住民税及び事業税	360,000	(貸)	未払法人税等	360,000
(2)	(借)	未払法人税等	360,000	(貸)	現　　金	360,000
(3)	(借)	仮払法人税等	180,000	(貸)	当座預金	180,000
(4)	(借)	法人税，住民税及び事業税	500,000	(貸)	仮払法人税等	180,000
					未払法人税等	320,000

3　消費税

　企業は，商品を販売したり，サービスを提供した際に，販売した商品などの価格に消費税を加えた金額を代金として受け取ります。消費税は，最終的には

消費者が負担すべき税金ですが，商品などを販売した企業は，購入者から消費
税額をいったん預かっていることになるので，企業が納税義務者となります。
同時に，商品等の仕入に際して，企業は消費税を支払っています。したがって，
納税義務者となる企業は，商品を販売したときに購入者から預かった消費税額
から，その商品を仕入れたときに自身が負担した消費税額を控除した差額を国
に納付することになります。

　たとえば，ある企業が商品￥200,000を仕入れた場合，消費税（以下，消費税
率は10％とする）￥20,000を含む￥220,000を支払います。そして，その商品を
￥500,000で売り上げ，消費税￥50,000を含む￥550,000を受け取ったとします。
その企業は，決算に際して，預かった消費税￥50,000と仕入れたときに代金と
一緒に支払った消費税￥20,000との差額である￥30,000を国に納付することに
なります。

　消費税は，税込方式と税抜方式と呼ばれる2つの会計処理方法が認められて
いますが，ここでは，税抜方式のみ説明します。税抜方式とは，消費税の金額
を売上高や仕入高などに含めず，区分して記帳する方法です。商品を仕入れた
ときに支払った消費税は**仮払消費税勘定**（資産）を用いて処理し，商品を売り
上げたときに預かった消費税は**仮受消費税勘定**（負債）を用いて処理します。
そして，決算において，仮受消費税勘定の金額と仮払消費税勘定の金額の差額
を**未払消費税勘定**（負債）に計上します。この金額を，決算日から2カ月以内
に行われる確定申告のときに納付することになります。

例題17-3

　次の一連の取引を仕訳しなさい。なお，消費税の処理は税抜方式で行い，消費
税率は税抜価格に対して10％とする。
　(1)　商品￥200,000（税抜価格）を仕入れ，代金は消費税とともに小切手を振
　　　り出して支払った。
　(2)　商品￥320,000（税抜価格）を売り上げ，代金は消費税とともに先方振り
　　　出しの小切手を受け取った。
　(3)　決算において，納付すべき消費税額を算定し，未払消費税として計上した。
　(4)　消費税の確定申告を行い，上記(3)を現金で納付した。

```
┌ 解　答 ┐
  (1) (借) 仕　　　　入  200,000    (貸) 当 座 預 金  220,000
          仮 払 消 費 税   20,000
  (2) (借) 現　　　　金  352,000    (貸) 売　　　　上  320,000
                                       仮 受 消 費 税   32,000
  (3) (借) 仮 受 消 費 税   32,000    (貸) 仮 払 消 費 税   20,000
                                       未 払 消 費 税   12,000
  (4) (借) 未 払 消 費 税   12,000    (貸) 現　　　　金   12,000
```

練習問題●17

1　次の取引を仕訳しなさい。
　(1)　固定資産税の納税通知書が届いたので，全期分￥320,000を現金で納付した。
　(2)　収入印紙￥10,000と郵便切手￥4,000を現金で購入した。
　(3)　自動車税￥50,000の納税通知書が届いたので，現金で納付した。
　(4)　決算において，上記(2)の収入印紙のうち，￥1,000分が未使用であることが判明した。

2　次の一連の取引を仕訳しなさい。
　(1)　中間申告により，法人税，住民税及び事業税￥90,000を現金で支払った。
　(2)　決算において，法人税，住民税及び事業税を計上した。なお，決算日における収益総額は￥4,200,000，費用総額は￥3,700,000，法人税，住民税及び事業税の税率は35％とする。
　(3)　確定申告により，法人税，住民税及び事業税を現金で支払った。

3　次の一連の取引を仕訳しなさい。なお，消費税の処理は税抜方式で行い，消費税率は税抜価格に対して10％とする。
　(1)　商品￥352,000（税込価格）を仕入れ，代金は消費税とともに手形を振り出して支払った。

(2) 上記(1)の商品を¥528,000（税込価格）で売り上げ，代金は消費税とともに半分は先方振り出しの小切手で受け取り，残額は掛けとした。

(3) 決算において，納付すべき消費税を算定した。

(4) 消費税の確定申告を行い，上記(3)を現金で支払った。

4 決算において，納付すべき消費税額を算定しなさい。なお，税抜方式で処理しており，当期の仮払消費税は¥17,000，仮受消費税は¥23,000である。

▪ Column 14【申告納税制度と簿記】

　納税は国民の義務のひとつです。日本だけではなく，ほとんどの国家は国民・住民が納める税金によって運営されます。税金にはさまざまな種類がありますが，本章で学んだ，法人税，住民税および事業税は，当期純利益（これを税金の領域では「所得」といいます）にもとづいて課税される税金です。一会計期間の収益と費用から算定される当期純利益は，簿記をしないと求めることができません。また，売上と仕入に付随する消費税もこれらの経営活動を帳簿に記録しておかないと納めるべき金額はわかりません。つまり，この種類の税金は帳簿記録が前提となって成り立つ制度なのです。では，簿記はだれがやっているかというと，株式会社などの企業自身です。企業経営者が自分で簿記をして納めるべき税金を計算し，そして国家に納めます。このような制度を「申告納税」といいます。国家が税額を決めて強制的に徴収する仕組みではないということです。

　これに対して，土地や家屋に課せられる固定資産税や保有する車両に対する自動車税などの財産税ですが，これは国家によって税額が決定され通知される，「賦課課税」という制度によるものです。しかし，これらが簿記とまったく関係ないかというとそうではないかもしれません。固定資産税の課税の根拠はそれらが登録されている登記簿（法務局などに記録されている）によりますし，自動車の場合は車検証（運輸支局などに記録されている）が課税の基礎です。これらは法令にもとづいて国家が保管する記録簿ですので，財産税については，国家によって行われる簿記を基礎としたものと考えることができます。実際，不要になった自動車を廃棄してもその登録を抹消するのを忘れたら，自動車税の課税通知はかわらずに送られてくることになります。すでに自動車は廃棄されたという「現実」ではなく，自動車はまだ登録されたままになっているという「記録」によって制度は運用されているのです。

（工藤栄一郎）

第18章

収益と費用

1 収益と費用

　第3章で学習したように，企業の経営活動の結果として資本（純資産）が増加する原因を収益といい，資本（純資産）が減少する原因を費用といいます。収益と費用に属する勘定科目は，それぞれ大きく3つのグループに分類されます。

　1つ目のグループは，営業活動に関連する勘定科目です。たとえば，商品売買取引によって生じる売上や仕入，商品の販売促進のために支払われる広告宣伝費，従業員に労働の対価として支払われる給料などが該当します。

　2つ目のグループは，営業活動以外の経常的な活動（財務活動や投資活動）に関連する勘定科目です。たとえば，金銭の貸し借りに付随して生じる受取利息や支払利息などが該当します。

　3つ目のグループは，上記の2つに該当しない臨時的な活動や事象に関連する勘定科目です。たとえば，有形固定資産の売却にともなって生じる固定資産売却益や固定資産売却損などが該当します。

　収益と費用を企業の経営活動の種類に応じて分類すると，臨時的な活動や事象を含むすべての経済活動の結果としての損益（当期純損益）以外に，営業活動のみの結果としての損益（営業損益）や，経常的な経済活動の結果としての損益（経常損益）などを計算することができるようになります。財務諸表を利用する人々は，当期純損益だけでなく，営業損益や経常損益なども考慮に入れて企業の経営成績を評価し，各種の意思決定を行っています。

経営活動の種類		勘定科目
主たる営業活動	収益	売上，受取家賃，受取地代，受取手数料
	費用	仕入，売上原価，発送費，給料，法定福利費，広告宣伝費，支払手数料，旅費交通費，貸倒引当金繰入，貸倒損失，減価償却費，通信費，消耗品費，水道光熱費，支払家賃，支払地代，保険料，租税公課，修繕費，雑費，保管費，諸会費
営業活動以外の経常的な活動	収益	受取利息，雑益，貸倒引当金戻入，償却債権取立益
	費用	支払利息，雑損
臨時的な活動や事象	収益	固定資産売却益
	費用	固定資産売却損

2 諸会費の処理

企業の業務に直接関連して加入している組織の会費や組合費などを支払った際は，**諸会費勘定（費用）**を用いて処理します。会費や組合費などの名称が用いられていたとしても，企業の業務との関わりがないならば，諸会費勘定を用いて処理することはできません。このことは，税務上の問題と関わっています。

例題18−1

次の取引を仕訳しなさい。
同業者団体の会費¥3,000を，現金で支払った。

解 答

　（借）諸　会　費　3,000　　（貸）現　　　　金　3,000

---

3 消耗品と貯蔵品の処理

消耗品とは，事務用品などの少額で短期に消費される物品をいいます。そのため，消耗品を購入した際は資産として処理せず，**消耗品費勘定（費用）**を用いて処理します。たとえば，100円のボールペン10本を現金で購入した場合に

は，次のような仕訳を行います。

（借）消　耗　品　費　　1,000　　（貸）現　　　　　金　　1,000

　ボールペンの例のように，消耗品は複数個を一括で購入することが多く，それらの一部が決算日において未使用のまま残っていることがあります。しかし実務上は，たとえ決算日において未使用分があったとしても，通常は資産に振り替えません。

　消耗品と同じように，郵便切手や収入印紙も一括で購入されることが多い資産です。これらについても，購入時には資産として処理せず，郵便切手を購入した際は**通信費勘定**（費用），収入印紙を購入した際は**租税公課勘定**（費用）あるいは印紙税勘定を用いて，それぞれ処理します。

　ただし，郵便切手や収入印紙は換金性が高く，また金額が高額になることがあるという点で，消耗品と異なります。このことから，決算日において郵便切手や収入印紙の未使用分があった場合，その金額を通信費勘定や租税公課勘定から減額し，**貯蔵品勘定**（資産）に振り替えて翌期に繰り越す処理を行います。

　また，翌期首には**再振替仕訳**を行います。再振替仕訳では，前期末に貯蔵品を計上した仕訳の逆仕訳（貸借反対の仕訳）を行います。この再振替仕訳によって，前期の未使用分が，当期の費用として計上されることになるのです。

例題18−2

次の連続した取引を仕訳しなさい。

(1) 郵便切手¥500と収入印紙¥2,500を購入し，代金は現金で支払った。
(2) 決算日において，郵便切手の未使用分¥200と収入印紙の未使用分¥300があった。
(3) 翌期首になったので，上記(2)の取引の再振替仕訳をした。

解　答

(1) （借）通　信　費　　500　　（貸）現　　　　　金　　3,000
　　　　　租　税　公　課　2,500
(2) （借）貯　蔵　品　　500　　（貸）通　信　費　　200
　　　　　　　　　　　　　　　　　　租　税　公　課　　300

(3)	(借)	通　信　費	200	(貸)	貯　蔵　品	500
		租　税　公　課	300			

4　収益・費用の未収・未払いと前受け・前払い

　通常，収益や費用は，それらの発生と同時にその対価として現金などの受払いがなされます。しかし，一定期間にわたって継続的にサービスを提供する場合，あるいはその提供を受ける場合，これにともなって発生する収益や費用の発生時期と現金などの対価の受払いの時期にズレが生じることがあります。

　すなわち，サービスを提供することによって発生した収益については，その対価が未収（未収収益）の状態や前受け（前受収益）の状態になることがあります。また，サービスの提供を受けることによって発生した費用については，その対価が未払い（未払費用）の状態あるいは前払い（前払費用）の状態になることがあります。

　決算日において，収益の未収や前受け，あるいは費用の未払いや前払いが生じている場合，適正な期間損益計算の観点から，当期に計上すべき収益や費用の金額のみを正しく計上するように修正を加えなければなりません。そこで，以下ではこれらの修正を行うために必要な決算整理仕訳について説明していきます。なお，未収収益，未払費用，前受収益，前払費用に属する具体的な勘定科目を総称して，**経過勘定項目**とよんでいます。

(1)　収益の未収（未収収益）

　決算日において，サービスの提供は完了しているが，その対価を未だ受け取っていない状態を，収益の未収といいます。収益の未収が生じている場合は，その収益（たとえば，受取利息）を未収となっている金額分だけ追加計上するとともに，同額を**未収収益**（資産）に属する勘定科目（たとえば，未収利息）を用いて資産に計上します。この処理によって，未収分の収益が当期の収益に加算されるとともに，未収収益として翌期に繰り越されることになります。

　また，翌期首には再振替仕訳を行います。再振替仕訳では，前期末に未収収

益を計上した仕訳の逆仕訳を行います。この再振替仕訳によって，その収益
（受取利息）については前期に発生した金額があらかじめ減額された状態で開
始されます。そして，後日対価を受け取った際に計上される収益の金額と相殺
され，当期に発生した金額のみが計上されることになります。

【設例1】

　X1年7月1日，取引先に貸付金￥100,000を現金で貸し付けた。この貸付金に
対する利息については，毎年6月末と12月末の年2回の利払日にそれぞれ￥600
（6カ月分）ずつ現金で受け取るという契約（1年間の受取利息￥1,200）を締結
した。

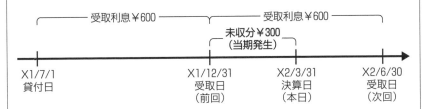

(1)　決算日（X2年3月31日）の仕訳（決算整理仕訳）を示しなさい。

　　（借）未　収　利　息　300　　　（貸）受　取　利　息　300

　この例では，対価の受け取りは翌期（X2年6月30日）ですが，当期の受取利
息として3カ月分（X2年1月1日〜X2年3月31日）にあたる￥300を追加計上し
なければなりません。また同時に，未収収益の1つである未収利息勘定（資産）
を計上することになります。

(2)　翌期首（X2年4月1日）の仕訳（再振替仕訳）を示しなさい。

　　（借）受　取　利　息　300　　　（貸）未　収　利　息　300

　未収利息などの未収収益は一時的な資産項目として貸借対照表に計上されます
が，翌期首に再振替仕訳を行うことですぐに消去されます。また，再振替仕訳に
よって前期（X1年度）に発生した受取利息￥300があらかじめ減額された状態で
開始されます。

受取利息						未収利息					
3/31	損　　益	900	12/31	現　　金	600	3/31	受取利息	300	3/31	次期繰越	300
			3/31	未収利息	300	4/1	前期繰越	300	4/1	受取利息	300
		900			900						
4/1	未収利息	300									

　なお，X2年6月30日に対価を受け取った際には，受け取った￥600が受取利息に計上されますが，期首の減額分と相殺され，残高として当期（X2年4月1日〜X2年6月30日）に発生した金額のみが計上された状態になります。

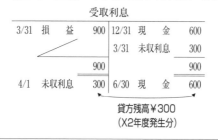

(2) 費用の未払い（未払費用）

　決算日において，サービスの提供は受け終わっているが，その対価を未だ支払っていない状態を，費用の未払いといいます。費用の未払いが生じている場合は，その費用（たとえば，支払利息）を未払いとなっている金額分だけ追加計上するとともに，同額を未払費用（負債）に属する勘定科目（たとえば，未払利息）を用いて負債に計上します。この処理によって，未払い分の費用が当期の費用に加算されるとともに，未払費用として翌期に繰り越されることになります。

　また，翌期首には再振替仕訳を行います。再振替仕訳では，前期末に未払費用を計上した仕訳の逆仕訳を行います。この再振替仕訳によって，その費用（支払利息）については前期に発生した金額があらかじめ減額された状態で開始されます。そして，後日対価を受け取った際に計上される費用の金額と相殺され，当期に発生した金額のみが計上されることになります。

【設例2】

　X1年7月1日，取引銀行から借入金￥300,000を現金で借り入れた。この借入金に対する利息については，毎年6月末と12月末の年2回の利払日にそれぞれ￥1,800（6カ月分）ずつ現金で支払うという契約（1年間の支払利息￥3,600）を締結した。

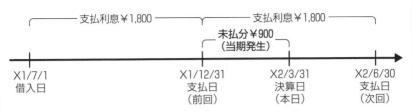

(1) 決算日（X2年3月31日）の仕訳（決算整理仕訳）を示しなさい。

（借）支　払　利　息　900　　（貸）未　払　利　息　900

この例では，対価の支払いは翌期（X2年6月30日）ですが，当期の支払利息として3カ月分（X2年1月1日〜X2年3月31日）にあたる¥900を追加計上しなければなりません。また同時に，未払費用の1つである未払利息勘定（負債）を計上することになります。

(2) 翌期首（X2年4月1日）の仕訳（再振替仕訳）を示しなさい。

（借）未　払　利　息　900　　（貸）支　払　利　息　900

未払利息などの未払費用は一時的な負債項目として貸借対照表に計上されますが，翌期首に再振替仕訳を行うことですぐに消去されます。また，再振替仕訳によって前期（X1年度）に発生した支払利息¥900があらかじめ減額された状態で開始されます。

	支払利息		
12/31 現　金 1,800	3/31 損　益 2,700
3/31 未払利息 900	
2,700	2,700
	4/1 未払利息 900

	未払利息		
3/31 次期繰越 900	3/31 支払利息 900
4/1 支払利息 900	4/1 前期繰越 900

なお，X2年6月30日に対価を受け取った際には，支払った¥1,800が支払利息に計上されますが，期首の減額分と相殺され，残高として当期（X2年4月1日〜X2年6月30日）に発生した金額のみが計上された状態になります。

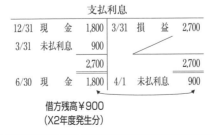

支払利息

12/31 現　金 1,800 ｜ 3/31 損　益 2,700
3/31 未払利息 900
2,700 ｜ 2,700
6/30 現　金 1,800 ｜ 4/1 未払利息 900

借方残高¥900
（X2年度発生分）

(3) 収益の前受け（前受収益）

　決算日において，サービスの提供は行っていないが，その対価をすでに受け取っている状態を，収益の前受けといいます。収益の前受けが生じている場合は，その収益（たとえば，受取家賃）の期末残高から前受けとなっている金額分だけ控除するとともに，同額を**前受収益（負債）に属する勘定科目**（たとえば，前受家賃）を用いて負債に計上します。この処理によって，前受け分の収益が当期の収益から減算されるとともに，前受収益として翌期に繰り越されることになります。

　また，翌期首には再振替仕訳を行います。再振替仕訳では，前期末に前受収益を計上した仕訳の逆仕訳を行います。対価の受け取りは前期に完了しているため，仮に何の手続も行わなければ，翌期発生分の収益が翌期中に計上されることはありません。そのため，翌期首に再振替仕訳を行うことによって，翌期発生分の収益を翌期首時点で計上しておく必要があるのです。

【設例3】

　X1年7月1日，賃貸用の建物について，受取家賃（毎月￥2,000，1年間で￥24,000）を毎年7月1日に向こう1年分全額を現金で受け取るという契約で賃貸した。

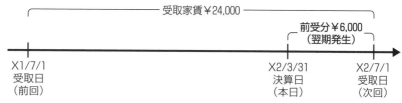

　(1)　決算日（X2年3月31日）の仕訳（決算整理仕訳）を示しなさい。

　　（借）受　取　家　賃　　6,000　　（貸）前　受　家　賃　　6,000

　この例では，対価の受け取りは当期（X1年7月1日）ですが，そこで計上した受取家賃￥24,000の中に，翌期の受取家賃3カ月分（X2年4月1日〜X2年6月30日）にあたる￥6,000が含まれているため，その分を控除しなければなりません。また同時に，前受収益の1つである前受家賃勘定（負債）を計上することになります。

(2) 翌期首（X2年4月1日）の仕訳（再振替仕訳）を示しなさい。

　　（借）前 受 家 賃　6,000　　（貸）受 取 家 賃　6,000

　前受家賃などの前受収益は一時的な負債項目として貸借対照表に計上されますが，翌期首に再振替仕訳を行うことですぐに消去されます。また，再振替仕訳によって翌期（X2年度）分の受取家賃¥6,000が翌期首時点で計上された状態で開始されます。

⑷　費用の前払い（前払費用）

　決算日において，サービスの提供は受けていないが，その対価をすでに支払っている状態を，費用の前払いといいます。費用の前払いが生じている場合は，その費用（たとえば，保険料）の期末残高から前払いとなっている金額分だけ控除するとともに，同額を**前払費用**（資産）に属する勘定科目（たとえば，前払保険料）を用いて資産に計上します。この処理によって，前払い分の費用が当期の費用から減算されるとともに，前払費用として翌期に繰り越されることになります。

　また，翌期首には再振替仕訳を行います。再振替仕訳では，前期末に前払費用を計上した仕訳の逆仕訳を行います。対価の支払いは前期に完了しているため，仮に何の手続きも行わなければ，翌期発生分の費用が翌期中に計上されることはありません。そのため，翌期首に再振替仕訳を行うことによって，翌期発生分の費用を翌期首時点で計上しておく必要があるのです。

178

【設例4】

X1年10月1日，火災保険の契約について，保険料（毎月¥1,000，1年間で¥12,000）を毎年10月1日に向こう1年分全額を現金で支払うという契約を保険会社と締結した。

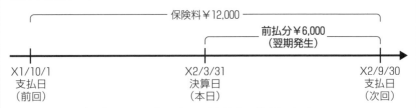

(1) 決算日（X2年3月31日）の仕訳（決算整理仕訳）を示しなさい。

（借）前 払 保 険 料　6,000　　　（貸）保　　険　　料　6,000

　この例では，対価の支払いは当期（X1年10月1日）ですが，そこで計上した保険料¥12,000の中に，翌期の保険料6カ月分（X2年4月1日～X2年9月30日）にあたる¥6,000が含まれているため，その分を控除しなければなりません。また同時に，前払費用の1つである前払保険料勘定（資産）を計上することになります。

(2) 翌期首（X2年4月1日）の仕訳（再振替仕訳）を示しなさい。

（借）保　　険　　料　6,000　　　（貸）前 払 保 険 料　6,000

　前払保険料などの前払費用は一時的な資産項目として貸借対照表に計上されますが，翌期首に再振替仕訳を行うことですぐに消去されます。また，再振替仕訳によって翌期（X2年度）分の保険料¥6,000が翌期首時点で計上された状態で開始されます。

練習問題●18

1　本日決算につき，郵便切手と収入印紙の未使用分を確認したところ，郵便切手が
¥1,860分と収入印紙¥20,000分があった。仕訳をしなさい。

2　次の(1)～(4)の各日付の取引を仕訳しなさい。なお，会計期間は４月１日から３月
31日までの１年である。

(1)　X1年７月１日　現金¥120,000を貸し付け，借用証書を受け取った。なお，貸
　　　　　　　　　付条件は，年利３％，貸付期間１年であり，利息は６月末日
　　　　　　　　　と12月末日に６カ月分ずつ受け取ることになっている。

　　　X1年12月31日　上記の貸付金に対する利息を現金で受け取った。

　　　X2年３月31日　本日決算につき，利息の未収分を計上した。

　　　X2年３月31日　当期分の受取利息を損益勘定に振り替えた。

　　　X2年４月１日　翌期首になったので，再振替仕訳を行った。

(2)　X1年９月１日　現金¥200,000を借り入れ，借用証書を渡した。借入条件は，
　　　　　　　　　年利３％，借入期間を１年とする。なお，利息は，元本とと
　　　　　　　　　もに返済日に支払うことになっている。

　　　X2年３月31日　本日決算につき，利息の未払い分を計上した。

　　　X2年３月31日　当期分の支払利息を損益勘定に振り替えた。

　　　X2年４月１日　翌期首になったので，再振替仕訳を行った。

(3)　X1年５月１日　土地の賃貸契約を結び，毎年５月１日と11月１日に向こう６
　　　　　　　　　カ月分の地代¥108,000を受け取ることになった。そして本日，
　　　　　　　　　最初の地代を現金で受け取った。

　　　X1年11月１日　向こう６カ月分の地代¥108,000を現金で受け取った。

　　　X2年３月31日　本日決算につき，地代の前受分を計上した。

　　　X2年３月31日　当期分の受取地代を損益勘定に振り替えた。

　　　X2年４月１日　翌期首になったので，再振替仕訳を行った。

(4)　X1年８月１日　事務所の賃借契約を結び，毎年２月１日と８月１日に向こう
　　　　　　　　　６カ月分の家賃¥90,000を支払うことになった。そして本日，
　　　　　　　　　最初の家賃を現金で支払った。

　　　X2年２月１日　向こう６カ月分の家賃を現金で支払った。

180

X2年3月31日　本日決算につき，家賃の前払分を計上した。
X2年3月31日　当期分の支払家賃を損益勘定に振り替えた。
X2年4月1日　翌期首になったので，再振替仕訳を行った。

Column 15【収益や費用は実在しないのか？】

　簿記では，資産や負債の勘定のことを「実在勘定」，収益と費用の勘定のことを「名目勘定」ということがあります。「名目」とは実体のないことを意味する言葉です。たしかに，現金や建物などは実在しますし，売掛金，買掛金や借入金などは法的な債権債務として実在します。このように，資産勘定と負債勘定は，ビジネスの世界に実際に存在する対象物を帳簿に写しとったものといえます。では，収益と費用はどうでしょう。たとえば，収益である売上ですが，その発生の現象としては商品が企業から出て行って代金が入ってきますし，また，費用である給料は，従業員から提供された労働の対価として現金などが支払われます。しかし，これら目に見える現象それ自体は，資産などの財貨の動きであって，収益や費用そのものではありません。つまり，収益と費用は，資産や負債とは違って，現実の世界に明らかに実在する対象を直接的に表現したものではなさそうです。

　では，何をもって，収益や費用はその「実在」を認識されるのでしょうか。それは簿記によってです。収益や費用は，財貨の変動に伴って生じたとみなされて記帳されます。現実世界において直接目で見たり手で触ったりして確かめることのできない収益と費用は，このように，帳簿に記入されることで，ビジネスの世界においてはじめて存在することになるのです。　　　　　（工藤栄一郎）

第19章

8桁精算表

1 決算手続

　簿記は，日々の取引を各種帳簿に記録していく実践です。すでに，第7章で学習しましたが，定期的に，企業の財政状態と経営成績を確認するために，帳簿の記録内容を整理し集計を行い，経営に活用するためなどさまざまな目的のためにまとまった情報として創出します。これを**決算**といい，簿記手続においては帳簿を締め切ることを意味します。

　ここでもう一度，簿記一巡の手続を確認すると，以下の図のように表されます。

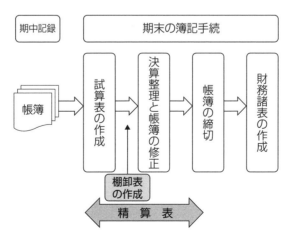

　期中において，毎日の取引は仕訳帳と総勘定元帳の主要簿をはじめ各種補助簿に記録されます。決算になると，まずは試算表を作成し，それ以降，正確な

情報を導くために帳簿記録に対して必要な修正が加えられます。簿記手続とての決算は，帳簿を締め切ることでいったん終了しますが，帳簿記録をもとにして，損益計算書と貸借対照表などの財務諸表が作成されます。

2 試算表の作成

決算は元帳の勘定記録にもとづいて実施されます。日々の取引の元帳への記録が正確に行われていなければ，正しい決算はできないことになります。第6章で学習しましたが，試算表を作成して，元帳の記録内容に明らかな誤りがないかを貸借平均の原理によって確認します。

しかし，試算表は，元帳の記録が計算的に正確であることを確かめる機能しかなく，それぞれの勘定が実際の状況を示していることを保証するものではありません。これまで学んできたように，現金勘定の残高は実際の現金有高を表示していないかもしれませんし，建物や機械などの固定資産は決算日において減価償却を行うことが一般的です。また，仕入勘定に対しては期首と期末における未販売の商品有高を加減して，売上原価の計算が必要になります。さらには，収益や費用の勘定のなかには，その会計期間に帰属すべき金額が正しく表示されていないものがあるかもしれません。

3 決算整理

そこで，資産・負債の実際の有高を確認したり，期間損益計算の観点から収益・費用の勘定の金額を適切に把握するための手続が必要になります。この手続のことを実地棚卸といいます。実地棚卸の結果を棚卸表を作成し，それに従って勘定記録の修正を行います。これを決算整理といいます。

棚　卸　表
X2年3月31日

決算整理事項	摘　要	金　額
繰　越　商　品		×××
貸倒引当金繰入		×××
減　価　償　却　費		×××
前　払　保　険　料		×××
⋮		⋮
		×××

　ここで学ぶ決算整理事項は，次のとおりですが，すでにこれまでの各章で学んできました。

(1)　現金過不足の整理（第8章）

(2)　期末商品の有高と売上原価の算定（第9章）

(3)　貸倒引当金の設定（第13章）

(4)　固定資産の減価償却（第14章）

(5)　未収収益・未払費用・前受収益・前払費用の計上（第18章）

(6)　貯蔵品の処理（第18章）

(7)　法人税等の計上（第17章）

(8)　未払消費税の計上（第17章）

4　8桁精算表の作成

　精算表は，すでに第6章で学習したように，期末時点ですべての勘定の残高を整理して，損益計算書および貸借対照表の作成に至る過程を1つの表にあらわしたもので，勘定を締め切る決算本手続を確実に行えるかどうかをあらかじめ確認するために作成するものです。

　前述したように，決算に際しては，各勘定の記録を修正するための決算整理が行われます。そこで，精算表においても，残高試算表欄の内容を修正して，損益計算書および貸借対照表の作成が行えるように，**修正記入欄**（または**整理**

記入欄）を設ける必要があります。修正記入欄を加えた精算表を8桁精算表と
いいます。

精　算　表

勘定科目	残高試算表		修正記入		損益計算書		貸借対照表	
	借方	貸方	借方	貸方	借方	貸方	借方	貸方

　8桁精算表は次の手順で作成します。

① 　総勘定元帳の各勘定残高を精算表の勘定科目欄と残高試算表欄に写し取
　　り，貸借合計金額が一致することを確認して残高試算表欄を作成する。

② 　棚卸表で整理された決算整理事項に基づいて，決算整理に必要な記入を
　　修正記入欄で行う。勘定科目の追加が必要なときは，その科目を新たに設
　　ける。

③ 　各勘定科目について，その残高試算表欄に対して，修正記入欄に記入さ
　　れた金額が借方・貸方の同じ側にあれば加算し，反対側にあれば差し引い
　　て修正する。

④ 　収益と費用の各勘定の金額は損益計算書欄の貸方と借方に，資産と負債
　　および資本の各勘定の金額は貸借対照表欄の借方と貸方に，それぞれ必要
　　な修正を行った上で金額を移記する。

⑤ 　損益計算書欄の借方と貸方の金額を集計して，その差額として，当期純
　　利益または当期純損失を計算する。

⑥ 　残高試算表欄の貸借合計を記録した次の行に，当期純利益（純損失）の
　　行を加える。当期純利益であれば損益計算書欄の借方に（純損失であれば
　　貸方に）その金額を記入すると同時に，貸借対照表欄の貸方に（純損失で
　　あれば借方に）同じ金額を記入する。

⑦ 　貸借対照表欄の借方と貸方の金額をそれぞれ集計して，貸借合計金額が
　　一致すれば，修正記入欄から貸借対照表欄まで締切線を引く。

【設例】

　次の元帳残高と決算整理事項に基づいて，決算に必要な仕訳を示し精算表を作成しなさい。ただし，決算は年1回（3月31日）である。

元帳残高

現　　　　　金	¥ 210,000	当 座 預 金	¥ 900,000
売　　掛　　金	370,000	仮 払 消 費 税	90,000
繰 越 商 品	30,000	建　　　　　物	1,000,000
備　　　　　品	800,000	土　　　　　地	2,000,000
買　　掛　　金	100,000	借　　入　　金	1,000,000
仮 受 消 費 税	150,000	貸 倒 引 当 金	25,000
建物減価償却累　計　額	430,000	備品減価償却累　計　額	80,000
資　　本　　金	2,500,000	繰越利益剰余金	930,000
売　　　　　上	1,500,000	受 取 手 数 料	75,000
受 取 家 賃	38,000	受 取 利 息	2,000
仕　　　　　入	900,000	給　　　　　料	320,000
支 払 家 賃	75,000	旅 費 交 通 費	28,000
発　　送　　費	18,000	通　信　費	16,000
消 耗 品 費	21,000	保　険　料	24,000
支 払 利 息	15,000	雑　　　　　費	13,000

　この元帳残高を，精算表の残高試算表欄に写し取ると以下のようになります。つまり，修正前の残高試算表です。これに対して，次の決算整理事項に従って，適宜，修正を行っていきます。

精 算 表

勘定科目	残高試算表		修正記入		損益計算書		貸借対照表	
	借 方	貸 方	借 方	貸 方	借 方	貸 方	借 方	貸 方
現 金	210,000							
当 座 預 金	900,000							
売 掛 金	370,000							
仮 払 消 費 税	90,000							
繰 越 商 品	30,000							
建 物	1,000,000							
備 品	800,000							
土 地	2,000,000							
買 掛 金		100,000						
借 入 金		1,000,000						
仮 受 消 費 税		150,000						
貸 倒 引 当 金		25,000						
建物減価償却累計額		430,000						
備品減価償却累計額		80,000						
資 本 金		2,500,000						
繰 越 利 益 剰 余 金		930,000						
売 上		1,500,000						
受 取 手 数 料		75,000						
受 取 家 賃		38,000						
受 取 利 息		2,000						
仕 入	900,000							
給 料	320,000							
支 払 家 賃	75,000							
旅 費 交 通 費	28,000							
発 送 費	18,000							
通 信 費	16,000							
消 耗 品 費	21,000							
保 険 料	24,000							
支 払 利 息	15,000							
雑 費	13,000							
	6,830,000	6,830,000						

決算整理事項

① 　現金の実際手許有高は￥207,000であった。帳簿有高との不一致の原因は不明である。

② 　売掛金に対して￥30,000の貸倒れを見積もった（差額補充法）。

③ 　期末商品棚卸高は￥40,000であった。売上原価は「仕入」の行で計算すること。

④ 　仮払消費税と仮受消費税の差額を未払消費税として計上した。

⑤ 　通信費に計上されている郵便切手の未使用高は￥2,000であった。

⑥ 　減価償却費（建物￥36,000，備品￥80,000）を間接法により計上した。

⑦ 　借入金の利息の未払分が￥2,000あった。

⑧ 　受取手数料の前受分が￥18,000あった。

⑨ 　保険料の前払分が￥4,000あった。

⑩ 　受取家賃の未収分が￥4,000あった。

⑪ 　法人税，住民税及び事業税を￥21,000計上した。

　これらの決算整理事項を1項目ずつ仕訳して，その結果を8桁精算表の修正記入欄に記入し残高試算表の金額を修正して，損益計算書欄または貸借対照表欄に移記していきます。

① 　現金過不足の整理

　　（借）雑　　　損　　3,000　　（貸）現　　　金　　3,000

　修正前の残高試算表の現金勘定の金額は，修正記入欄の貸方に￥3,000が記入されることで￥207,000に修正され，この金額が貸借対照表欄の借方に移記されます。また，決算整理仕訳で現れた雑損勘定（費用）は，精算表に新たに行を加えて，損益計算書欄の借方に記入します。

精　算　表

勘定科目	残高試算表 借方	残高試算表 貸方	修正記入 借方	修正記入 貸方	損益計算書 借方	損益計算書 貸方	貸借対照表 借方	貸借対照表 貸方
現　　金	210,000			3,000			207,000	
雑　　損			3,000		3,000			

② 貸倒引当金の設定

　　（借）　貸倒引当金繰入　　5,000　　　（貸）　貸 倒 引 当 金　　5,000

　修正前の残高試算表の貸倒引当金勘定の金額は，資産である売掛金の評価勘定（マイナス勘定）なので，修正記入欄の貸方に¥5,000が記入されることで，¥30,000に修正され，貸借対照表欄の貸方に移記されます。また，決算整理仕訳で現れた貸倒引当金繰入勘定（費用）は，精算表に新たに行を加えて，損益計算書欄の借方に記入します。

	（残高試算表）		（修正記入）		（損益計算書）		（貸借対照表）	
貸 倒 引 当 金		25,000		5,000				30,000
貸 倒 引 当 金 繰 入			5,000		5,000			

③ 売上原価の計算

　　（借）（a）仕　　　　　　入　　30,000　　　（貸）繰 越 商 品　　30,000
　　　　　（b）繰 越 商 品　　40,000　　　　　　仕　　　　　入　　40,000

　売上原価は「仕入」の行で計算することが指示されています。つまり，当期の仕入高に前期の未販売高である期首商品棚卸高を加算し，当期の売れ残りである期末商品棚卸高を差し引くことで売上原価は求められます。その結果，売上原価の金額は仕入の行の損益計算欄の借方にあらわれます。また，当期の未販売商品である繰越商品¥40,000は，貸借対照表欄の借方にあらわれます。

	（残高試算表）		（修正記入）		（損益計算書）		（貸借対照表）	
繰 越 商 品	30,000		(b)40,000	(a)30,000			40,000	
仕 　 入	900,000		(a)30,000	(b)40,000	890,000			

④ 未払消費税の計上

　　（借）　仮 受 消 費 税　　150,000　　　（貸）　仮 払 消 費 税　　90,000
　　　　　　　　　　　　　　　　　　　　　　　　　　未 払 消 費 税　　60,000

　期中において仮払消費税（資産）と仮受消費税（負債）のそれぞれに計上されている消費税に関する勘定の差額は，納付すべき消費税の金額であるので，

未払消費税勘定（負債）の行を精算表に新たに加えて振り替えます。その結果，仮払消費税勘定と仮受消費税勘定は消滅し，未払消費税￥60,000を貸借対照表の貸方に記入します。

	（残高試算表）		（修正記入）		（損益計算書）		（貸借対照表）	
仮 払 消 費 税	90,000			90,000				
仮 受 消 費 税		150,000	150,000					
未 払 消 費 税				60,000				60,000

⑤　通信費未使用分の貯蔵品への振替計上

（借）貯　蔵　品　2,000　　　（貸）通　信　費　2,000

通信費である郵便切手の未消費分￥2,000は，当期の費用ではないため減額すると同時に，貯蔵品勘定（資産）に振り替えて次期に繰り越します。そこで，新たに貯蔵品勘定の行を精算表に加えて処理します。

	（残高試算表）		（修正記入）		（損益計算書）		（貸借対照表）	
通　信　費	16,000			2,000	14,000			
貯　蔵　品			2,000				2,000	

⑥　減価償却費の計上

（借）減価償却費　116,000　　（貸）建物減価償却累計額　36,000
　　　　　　　　　　　　　　　　　備品減価償却累計額　80,000

建物と備品の減価償却費の合計金額￥116,000は，精算表に新たに行を加えて，損益計算書欄の借方に，減価償却累計額勘定は固定資産（建物と備品）の諸勘定のそれぞれの評価勘定（マイナス勘定）なので，貸借対照表欄の貸方に記入します。

	（残高試算表）		（修正記入）		（損益計算書）		（貸借対照表）
建物減価償却累計額		430,000		36,000			466,000
備品減価償却累計額		80,000		80,000			160,000
減 価 償 却 費			116,000		116,000		

⑦ 未払利息の計上

（借）支 払 利 息 2,000 （貸）未 払 利 息 2,000

未払利息は当期に帰属すべき費用であるので，¥2,000を追加計上する必要があります。その結果，支払利息勘定（費用）は，損益計算書に¥17,000となってあらわれます。また，未払利息勘定（負債）の行を精算表に新たに加えて，¥2,000を貸借対照表欄の貸方に記入します。

	（残高試算表）		（修正記入）		（損益計算書）		（貸借対照表）
支 払 利 息	15,000		2,000		17,000		
未 払 利 息				2,000			2,000

⑧ 前受手数料の計上

（借）受 取 手 数 料 18,000 （貸）前 受 手 数 料 18,000

前受手数料とは，収入として受け取っているけれども，次期以降に帰属すべき収益であるので，¥18,000を減額する必要があります。その結果，受取手数料勘定（収益）は，損益計算書欄の貸方に¥57,000となってあらわれます。また，前受手数料勘定（負債）の行を精算表に新たに加えて，¥18,000を貸借対照表欄の貸方に記入します。

	（残高試算表）		（修正記入）		（損益計算書）		（貸借対照表）
受 取 手 数 料		75,000	18,000			57,000	
前 受 手 数 料				18,000			18,000

⑨ 前払保険料の計上

（借）前 払 保 険 料 4,000 （貸）保 険 料 4,000

前払保険料とは，支出をしているけれども，次期以降に帰属すべき費用であるので，¥4,000を減額する必要があります。その結果，保険料勘定（費用）は，損益計算書の借方に¥20,000となってあらわれます，また，前払保険料勘定（資産）の行を精算表に新たに加えて，¥4,000を貸借対照表欄の借方に記入します。

	（残高試算表）		（修正記入）		（損益計算書）		（貸借対照表）	
保　　険　　料	24,000			4,000	20,000			
前 払 保 険 料			4,000				4,000	

⑩　未収家賃の計上

　　（借）未 収 家 賃　4,000　　（貸）受 取 家 賃　4,000

未収家賃は当期に帰属すべき収益であるので，¥4,000を追加計上する必要があります。その結果，受取家賃勘定（収益）は，損益計算書の貸方に¥42,000となってあらわれます，また，未収家賃勘定（資産）の行を精算表に新たに加えて，¥4,000を貸借対照表欄の借方に記入します。

	（残高試算表）		（修正記入）		（損益計算書）		（貸借対照表）	
受 取 家 賃		38,000		4,000		42,000		
未 収 家 賃			4,000				4,000	

⑪　法人税，住民税及び事業税の計上

　　（借）法人税，住民税　21,000　　（貸）未 払 法 人 税 等　21,000
　　　　　及 び 事 業 税

株式会社の場合，税引前の当期純利益を基礎として法人税を支払う義務があります。また，法人税に連動して，住民税と事業税の金額も決定します。ここでは，税引前の当期純利益¥61,000に対して，法人税，住民税及び事業税（法人税等）の金額は¥21,000と計算されます。法人税等は，当期の費用なので損益計算書欄の借方に，それらの支払いは次期になるので，未払法人税等勘定（負債）となり，それぞれ精算表に新たに行を加えて処理します。

	（残高試算表）	（修正記入）	（損益計算書）	（貸借対照表）
法人税, 住民税及び事業税		21,000	21,000	
未払法人税等		21,000		21,000

　これですべての決算整理事項を処理して，損益計算書と貸借対照表に計上すべき勘定が精算表内にまとめられます。

　次に，損益計算書欄で貸借の差額として当期純利益が求められます。最後に，貸借対照表欄の貸借差額が損益計算書欄で算定された当期純利益の金額と一致すれば，精算表は完成されたことになります。

　以上の手続をまとめて精算表を完成すると以下のようになります。

精　算　表

勘定科目	残高試算表 借方	残高試算表 貸方	修正記入 借方	修正記入 貸方	損益計算書 借方	損益計算書 貸方	貸借対照表 借方	貸借対照表 貸方
現　　　　金	210,000			①3,000			207,000	
当 座 預 金	900,000						900,000	
仮 払 消 費 税	90,000			④90,000				
売 　掛　 金	370,000						370,000	
繰 越 商 品	30,000		③(b)40,000	③(a)30,000			40,000	
建　　　　物	1,000,000						1,000,000	
備　　　　品	800,000						800,000	
土　　　　地	2,000,000						2,000,000	
買 　掛　 金		100,000						100,000
借 　入　 金		1,000,000						1,000,000
仮 受 消 費 税		150,000	④150,000					
貸 倒 引 当 金		25,000		② 5,000				30,000
建物減価償却累計額		430,000		⑥ 36,000				466,000
備品減価償却累計額		80,000		⑥ 80,000				160,000
資 　本　 金		2,500,000						2,500,000
繰 越 利 益 剰 余 金		930,000						930,000
売　　　　上		1,500,000				1,500,000		
受 取 手 数 料		75,000	⑧ 18,000			57,000		
受 取 家 賃		38,000		⑩ 4,000		42,000		
受 取 利 息		2,000				2,000		
仕　　　　入	900,000		③(a)30,000	③(b)40,000	890,000			

勘定科目	試算表借方	試算表貸方	修正借方	修正貸方	損益借方	損益貸方	貸借借方	貸借貸方
給　　　料	320,000				320,000			
支 払 家 賃	75,000				75,000			
旅 費 交 通 費	28,000				28,000			
発　送　費	18,000				18,000			
通　信　費	16,000			⑤ 2,000	14,000			
消 耗 品 費	21,000				21,000			
保　険　料	24,000			⑨ 4,000	20,000			
支 払 利 息	15,000		⑦ 2,000		17,000			
雑　　　費	13,000				13,000			
	6,830,000	6,830,000						
雑　　　損			①3,000		3,000			
貸倒引当金繰入			②5,000		5,000			
未 払 消 費 税				④ 60,000				60,000
貯　蔵　品			⑤ 2,000				2,000	
減 価 償 却 費			⑥116,000		116,000			
未 払 利 息				⑦ 2,000				2,000
前 受 手 数 料				⑧ 18,000				18,000
前 払 保 険 料			⑨ 4,000				4,000	
未 収 家 賃			⑩ 4,000				4,000	
法人税,住民税及び事業税			⑪ 21,000		21,000			
未払法人税等				⑪ 21,000				21,000
当 期 純 利 益					40,000			40,000
			395,000	395,000	1,601,000	1,601,000	5,327,000	5,327,000

194

練習問題●19

次の元帳残高と決算整理事項にもとづいて，決算に必要な仕訳を示し精算表を作成しなさい。ただし，決算は年1回（3月31日）である。

元帳残高

現　　　　　金	¥ 275,000		当 座 預 金	¥ 450,000
受 取 手 形	200,000		売 　掛 　金	460,000
貸 倒 引 当 金	14,000		繰 越 商 品	130,000
貸 　付 　金	390,000		建　　　　物	1,000,000
備　　　　品	400,000		建物減価償却累計額	375,000
備品減価償却累計額	120,000		買 　掛 　金	180,000
借 　入 　金	250,000		資 　本 　金	1,500,000
繰越利益剰余金	374,000		売　　　　上	1,800,000
受 取 手 数 料	35,000		受 取 利 息	15,000
仕　　　　入	1,250,000		給　　　　料	30,000
保 　険 　料	45,000		消 耗 品 費	10,000
支 払 利 息	18,000		雑　　　　費	5,000

決算整理事項

① 現金の実際手許有高は¥273,000であった。帳簿有高との不一致の原因は不明である。

② 期末商品棚卸高は¥145,000であった。売上原価は「仕入」の行で計算すること。

③ 受取手形と売掛金の期末残高合計額に対して5％の貸倒れを見積もった（差額補充法）。

④ 減価償却費の計上を定額法により行った。

　　　建物：耐用年数40年，残存価額はゼロ。

　　　備品：耐用年数5年，残存価額はゼロ。

⑤ 受取手数料の前受分¥10,000を計上した。

⑥ 保険料の前払分¥6,000を計上した。

⑦ 受取利息の未収分¥2,000を計上した。

⑧ 給料の未払分¥30,000を計上した。

⑨ 法人税，住民税及び事業税¥104,000を計上した。

第20章

財務諸表

1 財務諸表の様式

　決算本手続は総勘定元帳のすべての勘定を締め切ることで実施されます。精算表は，この勘定の締切を確実に行えることを確認するための予備的な作業でした。勘定の締切が終わると決算手続は結了しますが，企業の経営成績と財政状態を報告するための媒体として**財務諸表**が作成されます。財務諸表は**決算書**ともよばれます。すでに学んだように，主要な財務諸表は貸借対照表と損益計算書です。また，これら財務諸表の様式には，勘定式と報告式があります。

　勘定式とは，Ｔ字勘定の様式特性である借方側と貸方側という２つの記録面を援用して，財務諸表の構成要素を左右に対照することで配置し表示する方法です。貸借対照表では，その左側に資産を，右側に負債と資本を記載します。損益計算書では，その左側に費用を，右側に収益を記載し，さらに，両者の差額として当期純損益がどちらかの側に表示されます。収益が費用を超過する場合には，当期純利益が左側に表示されることになります。

〈勘定式による財務諸表〉

　勘定式に対して，報告式とは，上から下に項目を記載していく方式です。貸借対照表では，上から，資産，負債，資本の順番で記載し，損益計算書では，

収益から費用を控除する形式で記載がなされます。また，報告式の損益計算書は，一般的に，企業の活動の種類によって発生した収益と費用を分類し，それぞれの区分で収益から費用を控除し，複数の利益が段階的に表示されます。

〈報告式による財務諸表〉

貸 借 対 照 表			損 益 計 算 書		
資	産	×××	収	益	×××
		×××	費	用	×××
負	債	×××	当期純利益		×××
資	本	×××			
		×××			

　企業が外部の人たちに財務諸表を報告する場合，貸借対照表は勘定式で，損益計算書は報告式で作成することが一般的です。しかし，本書では，いずれの財務諸表も勘定式による様式で説明を行います。

2　財務諸表の作成

　財務諸表は，企業経営者自身というよりも，主に企業外部の人々に対して，経営成績と財政状態を報告するために作成されるものです。また，法令等によって様式が定められていることもあり，帳簿における記録や表現の方法を変更することがあります。

(1)　勘定科目と表示科目

　総勘定元帳の勘定科目を基礎としたもので，財務諸表で表示されるときに変更が加えられるものとして，以下のようなものがあります。

(ｱ)　繰越商品と商品

　繰越商品は，商品売買取引を記帳するときに用いられる方法（本書では3分法）に従って使用される勘定科目です。他の記帳方法をとった場合には，違う勘定科目が使われる場合もあります。財務諸表では，記帳方法にかかわらず，期末に存在する未販売の商品に対しては，商品という項目で貸借対照表に資産

として表示することが一般的です。

(イ)　仕入と売上原価

前章の8桁精算表では，「仕入」の行で売上原価を計算しました。これを総勘定元帳の仕入勘定で確認すると次のようになります。

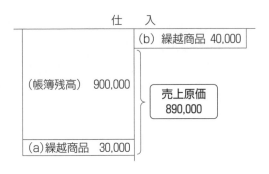

つまり，仕入勘定を利用して，売上原価の計算をしたのです。そこで，財務諸表である損益計算書では，仕入という勘定科目ではなく，**売上原価**という項目で表示します。

(ウ)　その他の表示

その他，勘定科目と財務諸表での表示に違いがあるものとして，勘定科目の売上は損益計算書では**売上高**に，前払保険料・未収利息・未払家賃・前受手数料などの項目は，より汎用性のある，**前払費用，未収収益，未払費用，前受収益**といった項目名でまとめて表示されることもあります。

(2)　売上債権（受取手形と売掛金）の貸借対照表価額の表示

受取手形や売掛金などの売上債権は，決算に際して，将来に回収不能額を貸倒引当金として見積もって評価を行います。総勘定元帳における受取手形勘定や売掛金勘定は，債権の残額が示されていますが，評価勘定としての貸倒引当金勘定が売上債権からのマイナスを意味することになります。財務諸表である貸借対照表では，受取手形と売掛金から，それらの回収不能見積額である貸倒引当金（評価勘定すなわち資産のマイナス勘定）を控除した金額を貸借対照表価額として表示することがあります。

売　掛　金	370,000	
貸 倒 引 当 金	△ 30,000	340,000

　たとえば，期末において，受取手形勘定残高￥100,000と売掛金勘定残高￥370,000の売上債権合計￥470,000に対して将来の回収不能額を￥30,000と見積もった場合，貸倒引当金￥30,000を控除した￥440,000が貸借対照表価額となります。なお，受取手形と売掛金それぞれに対して貸倒引当金の金額が設定されている場合は，それぞれの売上債権勘定から控除して表示することもあります。

(3)　有形固定資産（建物や備品）の貸借対照表価額の表示

　建物や備品などの有形固定資産は，決算に際して，一般に，減価償却費を計上します。減価償却費の計上が，減価償却累計額勘定を用いる間接法による記帳によっている場合，総勘定元帳における有形固定資産の諸勘定は，原則として，その金額が取得原価で表示されています。つまり，減価償却によってこれまで減少してきた建物や備品の価額は，減価償却累計額勘定（評価勘定すなわち資産のマイナス勘定）に計上されています。財務諸表である貸借対照表では，建物や備品などの有形固定資産の取得原価から，減価償却によってこれまで減少してきた金額である減価償却累計額を控除した金額を貸借対照表価額として表示します。

建　　　　　物	1,000,000	
減価償却累計額	△ 466,000	534,000
備　　　　　品	800,000	
減価償却累計額	△ 160,000	640,000

　たとえば，取得原価￥1,000,000の建物の減価償却累計額が￥466,000である場合はその貸借対照表価額は￥534,000と，取得原価￥800,000の備品の減価償却累計額が￥160,000である場合はその貸借対照表価額は￥640,000と表示されます。

⑷　当期純利益と繰越利益剰余金

　精算表では，損益計算書欄で算定された当期純利益（純損失）と貸借対照表欄で算出された当期純利益（純損失）の金額の一致を確認することで決算予備手続が実質的に終了します。本決算手続では，決算日において，損益勘定を開設し，そこにすべての収益と費用を集合させ，その差額が当期純利益（純損失）となります。財務諸表である損益計算書では，損益勘定と同様に，当期の収益と費用の差額を当期純利益（純損失）として表示します。

　また，決算本手続では，損益勘定の差額である当期純利益（純損失）の金額は，繰越剰余金勘定に振り替えられます。つまり，決算日における繰越利益剰余金勘定はその期の当期純利益（純損益）を加算（減算）した金額として締め切られます。財務諸表である貸借対照表では，資本の部の項目である繰越利益剰余金勘定はその期に生じた当期純利益（純損失）を加算（減算）した金額で表示され，精算表のように，当期純利益（純損失）が別途表示されることはありません。

200

　ここでは，第19章8桁精算表の【設例】（pp.185～187）を使って，財務諸表の作成についてみていきます。なお，以下の元帳残高は，決算整理後のものです。

元帳残高（決算整理後）

現　　　　　金	¥ 207,000	当 座 預 金	¥ 900,000
		売　掛　金	370,000
繰 越 商 品	40,000	建　　　物	1,000,000
備　　　品	800,000	土　　　地	2,000,000
買　掛　金	100,000	未 払 消 費 税	60,000
借　入　金	1,000,000	貸 倒 引 当 金	30,000
建物減価償却累計額	466,000	備品減価償却累計額	160,000
資　本　金	2,500,000	繰越利益剰余金	930,000
売　　　上	1,500,000	受 取 手 数 料	57,000
受 取 家 賃	42,000	受 取 利 息	2,000
仕　　　入	890,000	給　　　料	320,000
支 払 家 賃	75,000	旅 費 交 通 費	28,000
発　送　費	18,000	通　信　費	14,000
消 耗 品 費	21,000	保　険　料	20,000
支 払 利 息	17,000	雑　　　費	13,000
雑　　　損	3,000	貸倒引当金繰入	5,000
貯　蔵　品	2,000	減 価 償 却 費	116,000
未 払 利 息	2,000	前 受 手 数 料	18,000
前 払 保 険 料	4,000	未 収 家 賃	4,000
法人税，住民税及び事業税	21,000	未 払 法 人 税	21,000

損 益 計 算 書
X1年4月1日からX2年3月31日まで

	費　用	金　額	収　益	金　額	
(1)(イ)	売　上　原　価	890,000	売　上　高	1,500,000	(1)(ウ)
	給　料	320,000	受　取　手　数　料	57,000	
	支　払　家　賃	75,000	受　取　家　賃	42,000	
	旅　費　交　通　費	28,000	受　取　利　息	2,000	
	発　送　費	18,000			
	通　信　費	14,000			
	消　耗　品　費	21,000			
	保　険　料	20,000			
	貸 倒 引 当 金 繰 入	5,000			
	減　価　償　却　費	116,000			
	雑　費	13,000			
	雑　損	3,000			
	支　払　利　息	17,000			
	法人税, 住民税及び事　業　税	21,000			
(4)	当　期　純　利　益	40,000			
		1,601,000		1,601,000	

貸 借 対 照 表
X2年3月31日

資　産	内　訳	金　額	負債及び資本	金　額	
現　　　　　金		207,000	買　　掛　　金	100,000	
当　座　預　金		900,000	借　　入　　金	1,000,000	
売　　掛　　金	370,000		未　払　消　費　税	60,000	
(2) 貸 倒 引 当 金	△ 30,000	340,000	未　払　費　用	2,000	(1)(ウ)
(1)(ア) 商　　　　　品		40,000	前　受　収　益	18,000	(1)(ウ)
貯　　蔵　　品		2,000	未 払 法 人 税 等	21,000	
(1)(ウ) 前　払　費　用		4,000	資　　本　　金	2,500,000	
(1)(ウ) 未　収　収　益		4,000	繰越利益剰余金	970,000	(4)
建　　　　　物	1,000,000				
(3) 減 価 償 却 累 計 額	△ 466,000	534,000			
備　　　　　品	800,000				
(3) 減 価 償 却 累 計 額	△ 160,000	640,000			
土　　　　　地		2,000,000			
		4,671,000		4,671,000	

（注）　財務諸表の欄外の記号は，上記の説明に対応しています。

練習問題●20

　前章の**練習問題19**の資料を用いて，損益計算書および貸借対照表を作成しなさい。なお，いずれの様式も勘定式とする。

▬ Column 16【財務諸表が作成される理由】

　本書では，貸借対照表と損益計算書という財務諸表から簿記の説明をはじめました。しかし，企業が行った経営活動を帳簿に記録することが簿記の主要な役割であって，誤解をおそれずにいうなら，財務諸表の作成はある意味において簿記にとっては付加的なことです。

　貸借対照表や損益計算書などは，企業の外部の人々のために作成されるのであって，企業の状況について最もよく知っている経営者自身のためのものではないのです。株式会社の場合，株主や債権者などの利害関係者は，自分が出した資金がどのように運用されて成果を上げたか，または安全に返済されるかについて関心があります。したがって，企業の財政状態と経営成績について知りたいはずです。

　仕訳帳と総勘定元帳といった主要簿はもちろん，さまざまな補助簿にも，企業が行った日々の取引についての詳細で膨大な情報が蓄積されます。つまり，帳簿には大切な情報がたくさん詰まっています。しかし，企業の経営者以外は，原則として，帳簿をみることはできません。なぜなら，帳簿には「すべて」のことが記載されているからです。株式会社は「私企業」ですので，プライベートな情報ばかりがその帳簿に蓄積されています。だから，企業の外部の利害関係者には，原則として帳簿を見せないのです。もっとも，株式会社の場合，株式の3％以上を保有する株主であれば，「会計帳簿閲覧謄写請求権」という権利が法令上認められていて，一定の理由があれば帳簿の閲覧を求めることができます。しかし，企業規模が大きい場合，3％の株式を保有しているということはたいへんまれです。さらに，閲覧の請求がされた場合でも，会社側がそれを拒否することもあります。このように，外部の利害関係者が帳簿へアクセスすることは実際のところかなり困難なのです。

　しかし，株主や債権者は投資や融資を決めるためには企業の経営に関する情報が必要ですし，企業も円滑に資金の調達を行いたいはずです。そこで，帳簿を直接開示するのではなく，財務諸表を通じた情報提供がされるのです。財務諸表はかなり圧縮された情報ですが，それらは帳簿にもとづいて作成されることで正統性を有します。このように，情報の作成者と利用者の双方の便宜のために財務諸表は作成されるのです。
　　　　　　　　　　　　　　　　　　　　　　　　　　　　（工藤栄一郎）

＜執筆者紹介＞

工藤　栄一郎（くどう　えいいちろう）　　担当：第1章〜第3章・第7章・第14章・
　　　　　　　　　　　　　　　　　　　　　　　　　第17章・第19章・第20章
西南学院大学商学部教授
1990年西南学院大学大学院経営学研究科博士後期課程単位修得満期退学。鹿児島経
済大学（現・鹿児島国際大学）経済学部専任講師，同助教授，熊本学園大学商学部
助教授，同教授を経て2015年より現職。
（主要業績）『ゴールドバーグの会計思想』（翻訳，中央経済社），『会計記録の基礎』
『会計記録の研究』（日本簿記学会賞受賞）（以上，中央経済社）など多数。

坂根　純輝（さかね　よしてる）　　担当：第4章〜第6章・第9章・第10章・第13章
長崎県立大学経営学部准教授
2014年西南学院大学大学院経営学研究科博士後期課程修了。博士（経営学）。九州情
報大学経営情報学部専任講師，准教授を経て2020年より現職。
（主要業績）『初級簿記テキスト』（共著，中央経済社），「継続企業の前提に係る監査
基準の改訂と監査人の保守性」『産業経理』第78巻第2号他。

仲尾次　洋子（なかおじ　ようこ）　　担当：第8章・第11章・第12章
名桜大学国際学群教授
近畿大学大学院商学研究科博士後期課程修了。博士（商学）。名桜大学国際学部専任
講師，同助教授・准教授を経て2016年より現職。
（主要業績）『簿記の理論学説と計算構造』『ビジネスセンスが身につく会計学』（以上，
共著，中央経済社），『異文化対応の会計課題』（共著，同文舘出版）など多数。

小川　哲彦（おがわ　てつひこ）　　担当：第15章
西南学院大学商学部教授
2003年横浜国立大学大学院国際社会科学研究科博士後期課程修了。博士（経営学）。
佐賀大学経済学部専任講師，同助教授・准教授を経て2019年より現職。
（主要業績）「有価証券報告書における環境会計・SDGs情報の開示に関する研究」『西
南学院大学商学論集』第67巻第2号他。

堀古　秀徳（ほりこ　ひでのり）　　担当：第18章
西南学院大学商学部准教授
2016年関西学院大学大学院商学研究科博士課程後期課程修了。博士（商学）。関西学院大学商学部助教，大阪産業大学経営学部講師，同准教授を経て2024年より現職。
（主要業績）「財務諸表監査における懐疑主義の検討」『現代監査』第27号，「監査計画に関する論点整理」『大阪産業大学経営論集』第24巻第1号他。

原口　健太郎（はらぐち　けんたろう）　　担当：第16章
西南学院大学商学部准教授
2019年九州大学大学院経済学府博士後期課程修了。博士（経済学），公認会計士。2019年より現職。
（主要業績）「地方公共団体における公会計財務諸表と地方債市場との関連性の発現過程―米国各州のデータを用いた時系列分析」『会計プログレス』第20号（日本会計研究学会学術奨励賞受賞）他。

簿記原理テキスト

2024年4月25日　第1版第1刷発行

編著者	工　藤	栄	一　郎
著　者	坂　根	純	輝　子
	仲尾次	洋	彦
	小　川	哲	徳
	小　堀	古	秀　郎
	原　口	健	太　継

発行者　山　本　　　　　継

発行所　㈱中央経済社

発売元　㈱中央経済グループ
　　　　パブリッシング

〒101-0051　東京都千代田区神田神保町1 - 35
電話　03 (3293) 3371 (編集代表)
　　　 03 (3293) 3381 (営業代表)
https://www.chuokeizai.co.jp
印刷／三英グラフィック・アーツ㈱
製本／㈲井上製本所

© 2024
Printed in Japan

＊頁の「欠落」や「順序違い」などがありましたらお取り替えいた
　しますので発売元までご送付ください。（送料小社負担）
ISBN978-4-502-49581-6　C3034

日商簿記検定試験　完全対応

最新の出題傾向に沿って厳選された練習問題を多数収録

大幅リニューアルでパワーアップ！

検定 簿記ワークブック

◆1級〜3級／全7巻

■問題編〔解答欄付〕 ■解答編〔取りはずし式〕

◇日商簿記検定試験合格への最も定番の全7巻シリーズ。最近の出題傾向を踏まえた問題構成と，実際の試験形式による「総合問題」で実力を養う。

◇「問題編」には直接書き込める解答欄を設け，「解答編」は学習に便利な取りはずし式で解説が付いている。

◇姉妹書「検定簿記講義」の学習内容と連動しており，検定試験突破に向けて最適の問題集。

1級 **商業簿記・会計学** 上巻／下巻
渡部裕亘・片山　覚・北村敬子［編著］

工業簿記・原価計算 上巻／下巻
岡本　清・廣本敏郎［編著］

2級 **商業簿記** 渡部裕亘・片山　覚・北村敬子［編著］

工業簿記 岡本　清・廣本敏郎［編著］

3級 **商業簿記** 渡部裕亘・片山　覚・北村敬子［編著］

中央経済社